KB237986

자소서
스펙을 높이는
기적의
질문노트

자기소개서 작성의 어려움을 한 번에 해결하는 책

자소서
스펙을 높이는
기적의
질문노트

신동훈 지음

씽북

취업을 위해, 대학교와 고등학교 입학을 위해 많은 학생들이 입학 지원서를 제출할 때 고민하게 됩니다. "자기소개서" 어떻게 써야 하나? 어떤 내용을 써야하나? 나는 글 잘 못 쓰는데... 모두 다 한번쯤은 고민하는 자기소개서 작성의 어려움 그 이유는 무엇일까요?

취업컨설팅 업무를 하면서 어려움을 말하는 다양한 학생을 만나보면서 왜 어려워하는지 몇 가지 공통점을 발견하게 되었습니다. 우선 자기소개서 작성을 어려워하는 학생들은 "평소에 글을 쓰지 않습니다. 어쩌면 당연한 주장을 하고 있는지도 모르겠습니다. 평소 우리의 삶을 뒤돌아보면, 삶은 우리에게 글 쓸 시간과 환경을 주지 않습니다. 단편적인 SNS의 대화의 주고받음 정도가 우리의 일상적인 글쓰기의 전부일지도 모릅니다. 사실 저도 며칠 글쓰기 훈련을 하지 않으면, 자연스럽게 글을 쓰는 사고와 감각이 떨어져 있다고 느낄 때가 많습니다. 이러한 점에 비추어 우리 학생들이 자기소개서의 500자, 1000자 이상 자신의 스토리를 채워야 한다는 어려움에 대해 충분히 공감됩니다.

그리고 자기소개서 작성을 어려워하는 학생들의 두 번째 공통점은 "어떤 내용을 써야할지 고민"이라고 합니다. 자기소개서에서 요구하는 항목에 관련 사례와 경험이 부족하고, 심지어 "항목에 관련된 경험이 없다"라고 말하는 학생들도 있습니다. 하지만 신기하게도 자기소개서 작성 항목에 대해 서로 이야기를 주고 받다보면 항목에 작성할 경험을 발견할 때가 많습니다. 왜 이러한 일이 벌어지는 것일까요?

마지막으로 자기소개서 작성에 대해 "어떻게 써야할지 모른다."라는 말을 많이 듣게 됩니다.

물론 평소에 준비하지 않고 제출 전에 급하게 작성하려다 보니 작성방법에 대한 이해가 부족하여 이런 말이 나올 수도 있다고 생각합니다. 반면에 수많은 자기소개서 작성법 관련 강의와 내용이 자기소개서 작성을 더욱 어렵고 힘들게 만들고 있진 않는지 컨설턴트 입장에서 고민되기도 합니다.

3가지 이유를 바탕으로 저는 이 책을 기획하게 되었습니다. 자유롭게 글도 쓰고, 자신의 경험에 대해 생각도 해볼 수 있고, 자기소개서 스킬에 구애받지 않고 자기소개서를 작성할 수 있는 방법에 대해 고민하게 되었습니다.

우선 자기소개서를 잘 쓰기 위해, 우리는 글을 잘 쓰는 연습이 아니라 "글을 쓰는 시간"을 가질 필요가 있습니다. 글은 쓰는 분량과 빈도에 따라서 점차 실력이 증가된다고 생각합니다. 물론 글을 잘 쓰기 위한 다양한 기법이 있지만, 자기소개서에서 요구하는 글은 잘 쓴 글이 아니라 자신의 역량을 서류평가자나 면접담당자들에게 잘 표현하고, 잘 읽을 수 있도록 완성해주면 잘 쓴 자기소개서라고 말할 수 있습니다. 그렇기 때문에 우리는 글을 쓰는 절대적인 시간을 가질 필요가 있습니다. 단순히 하루 일과에 대해 작성하거나, 일기를 쓰는 방법도 있지만, 자기소개서에서 요구하는 항목 작성 목적을 가지고 글쓰기 연습을 시작한다면 좀 더 목적 지향적인 글쓰기 훈련이 된다고 믿습니다.

이 책은 글쓰기 훈련뿐만 아니라 자기소개서 작성에 필요한 소재를 위해 자기 자신을 뒤돌아 볼 수 있는 질문들로 구성해 놓았습니다. "어떤 내용을 써야할지 고민" 된다고 하는 학생들의 본질적인 문제는 "어떤 부분에 대해 고민해야 할지" 모르기 때문에 소재를 찾는 면에서 어려움을 겪게 됩니다. 작성에 필요한 내용에 대해 자기 자신을 뒤돌아보고 생각하다 보면 자기소개서 항목에 맞는 다양한 경험과 사례를 발굴할 수 있다고 생각합니다. 나의 어린 시절부터 희망취업기업까지에 대한 질문을 생각해 보면서 자신만의 사례, 남들과 차별화 된 소재를 발굴하기 바랍니다.

마지막으로 자기소개서 스킬에 구애받지 않고 자기소개서 작성을 할 수 있도록 구성해 놓았습니다. 제가 지금 작성하고 있는 이 글도 한 번에 나온 글이 아니라 2번, 3번 고치고 편집하고 가다듬어서 나오게 된 문장이고, 하나의 글이 됩니다. 이처럼 자기소개서 스킬이란 것도 대부분 이러한 과정을 겪지 않고 한 번에 작성할 수 있는 방법론에 대해 이야기하는 경우가 많습니다. 그렇다보니 실제로 나의 글에서 스킬을 적용하면 어떤 변화가 발생되고, 어떤 과정을 거쳐야만 해당 스킬을 적용할 수 있는지 알 수 없게 됩니다. 흔히 자기소개서 샘플이라고 하면 자기소개서 첨삭 전 후의 내용만 보셨을 겁니다. 하지만 첨삭 전도 첨삭 후도 그것이 완성되기 전까지의 과정과 내용이 있습니다. 이 책에서 실제 처음 자기소개서를 작성한다면 대부분은 어떻게 작성되는지, 그리고 그 내용을 바탕으로 어떠한 과정을 거쳐 최종적인 글을 완성할 수 있는지에 대한 모습을 보여드리려고 합니다.

이 책을 통해 자기소개서에 필요한 질문에 대한 대답과 글쓰기 훈련을 통해 자기소개서 작성에 필요한 훈련뿐만 아니라 "나에 대한 새로운 발견"을 달성하셨으면 좋겠습니다.

　　자기소개서란 지원회사에서 요구하는 질문항목에 대해 지원자의 생각과 과거경험, 지원회사에 들어가기 위한 노력 중심으로 글을 쓰는 것이라고 말할 수 있습니다.

　　자기소개서 작성을 위한 질문과 글쓰기 연습 전에 우리는 한번쯤은 자기소개서를 읽는 평가자 입장을 되돌아 볼 필요성이 있습니다. 역지사지, 한번쯤은 취업 강의 중에 꼭 듣게 되는 말입니다. 평가자 입장에서.., 인사담당자 입장에서... 면접관 입장에서... 라는 말을 종종 듣게 됩니다. 그렇다면 서류평가자 입장에서 자기소개서란 어떤 존재일까요?

　　우선 평가자 입장에서 자기소개서란 지원자를 선발하기 위한 도구인 한편, 필터링하기 위한 도구로 사용됩니다. 최종적으로 면접에서 이야기 나누고 싶은 지원자를 선발하기 위한 평가 자료로서 의미를 가지고 있습니다. 그렇기 때문에 우리는 "나의 진정한 내용"을 작성하는데 있어 "평가되기 좋은, 나의 진정성 있는 내용"을 작성할 필요가 있습니다. 그리고 평가자 입장에서 자기소개서란 5분에서 10분 안에 다 검토해야할 서류입니다. 그렇다 보니 평가자 입장에서는 시간이 촉박하고, 평가해야할 내용이 많다 보니 잘 읽혀지는 자소서, 눈에 띄는 자소서가 아니라면 평가하기에 어려운 서류가 되어버립니다. 평가자를 위해 우리는 평가하기 쉬운 서류를 만들 필요가 있습니다. 마지막으로 평가자 입장에서 수많은 자기소개서를 수백 장씩 보기 때문에 겹치는 내용을 많이 보게 됩니다. 여기서도 팀의 주장, 저기서도 팀의 리더라는 표현을 많이 보게 되고 그렇기 때문에 쉽게 지루해 집니다. 지루해진 상태에서 지원자의 서류를 평가하는데 있어서 영향을 주게 됩니다. 어차피 수많은 지원자들을 필터링해야하는 입장이라면 다른 지원자들보단 조금 독특하고 눈에 띄는 자기소개서 글이 매력적일 수밖에 없다고 생각합니다.

정리를 하자면, 우리는 평가자 입장에서 잘 선택될 수 있는 자기소개서를 작성할 필요가 있습니다. 다시 한 번 강조하지만, 글을 잘 쓴 자기소개서가 아니라 차별화된 내용을 잘 읽을 수 있도록 작성하기만 하면 됩니다. 사실 나만의 차별화된 자기소개서를 작성하기 위해서 스스로의 깊은 성찰이 필요합니다. 성찰이란점이 광범위 하지만 자기소개서 작성에 요구되는 성찰 점에서라면 충분히 우리의 과거를 되돌아 볼 필요가 있습니다. 자기소개서 작성에 필요한 질문 문항을 바라보면서 "나 자신의 과거"를 생각해보면서 남들과 차별화된 내용은 없는지 탐색해보아야 합니다.

그리고 나만의 차별성 있는 이야기를 작성하기 위해 의미부여를 통해 차별화된 콘텐츠로 만들 수 있다고 생각합니다. 예를 들어 학교 실험실의 경험으로 보통 지원자들은 팀워크, 협업의 소재로 사용할 것으로 예상됩니다. 하지만, 조금 다른 시각과 의미부여라면 실험실의 경험 속에서 우리는 "실험을 하면서 어려웠던 점, 실험 목표를 달성하기 위한 노력했던 점, 실패했던 점, 창의적인 아이디어 도입한 경험"도 발견할 수 있습니다. 다른 지원자들은 요구된 자기소개서 항목에 공통적인 경험을 이야기하고 있을 때 나만의 경험 탐색과 의미부여를 통해 차별화된 내용을 작성할 수 있습니다. 이 책을 통해 단순히 질문문항에 답 하는 것으로 끝내는 것이 아닌, 한 가지 경험이라도 질문문항에서 요구하고 있는 다양한 의미에 대해 대입하고 적용해 보며 나만의 차별성 있는 소재를 발굴 할 수 있다고 믿습니다.

마지막으로 평가자 입장에서 잘 읽을 수 있는 자기소개서를 완성하기 위해 단순히 스킬 적용이 아닌 작성 과정을 보면서 자연스럽게 나만의 글을 다듬고 수정하는 방법에 대해 이해하였으면 좋겠습니다. 자신에 대한 성찰과 차별성 있는 내용에 대해 실질적인 글을 쓰는 방법과 과정을 통해, 나만의 이야기, 나만의 차별화된 역량을 이야기하여 서류평가자 뿐만 아니라 면접관님에게도 지원자의 강점을 쉽게 파악할 수 있도록 되었으면 좋겠습니다.

Part 03 • 나의 경험 역량 정리

Part 04 • 직무와 기업정보 정리

Part 05 • 자기소개서 쓰기

부록

Part 01

나에 대해 알아보기

나에 대해 구체적인 역량을 탐색하기 전에
먼저 나와 관계된 사람들 속에 어떻게 지내왔는지
살펴보면서 나의 성장과정 속
나의 성향과 관심을 가진 경험이
무엇인지 살펴보는 시간을 가져 보도록 하겠습니다.

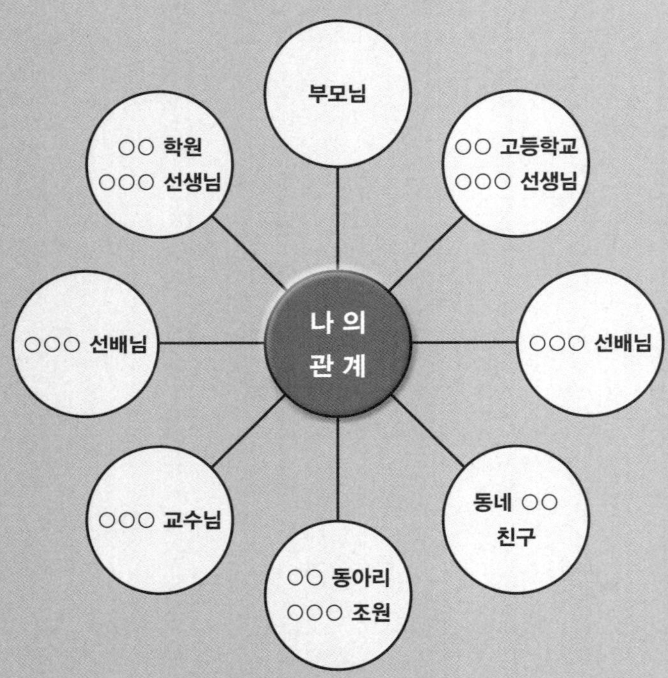
부모님
○○ 학원
○○○ 선생님
○○ 고등학교
○○○ 선생님
○○○ 선배님
나 의
관 계
○○○ 선배님
동네 ○○
친구
○○○ 교수님
○○ 동아리
○○○ 조원

Chapter 1

나의 과거 기억 스케치

나의 과거 시간여행을 시작하기 전에
전체적인 "나"에 대해 파악해 보도록 하겠습니다.
나의 인맥관계, 꿈, 이미지, 기억나는 경험에 대한
밑그림을 그려보면서
나에 대한 기억과 감정을 깨워봅시다.

나의 인맥 지도 만들어보기

나의 과거를 뒤돌아보며 나를 둘러싼 다양한 인맥 관계에 대해서 작성해 보세요.

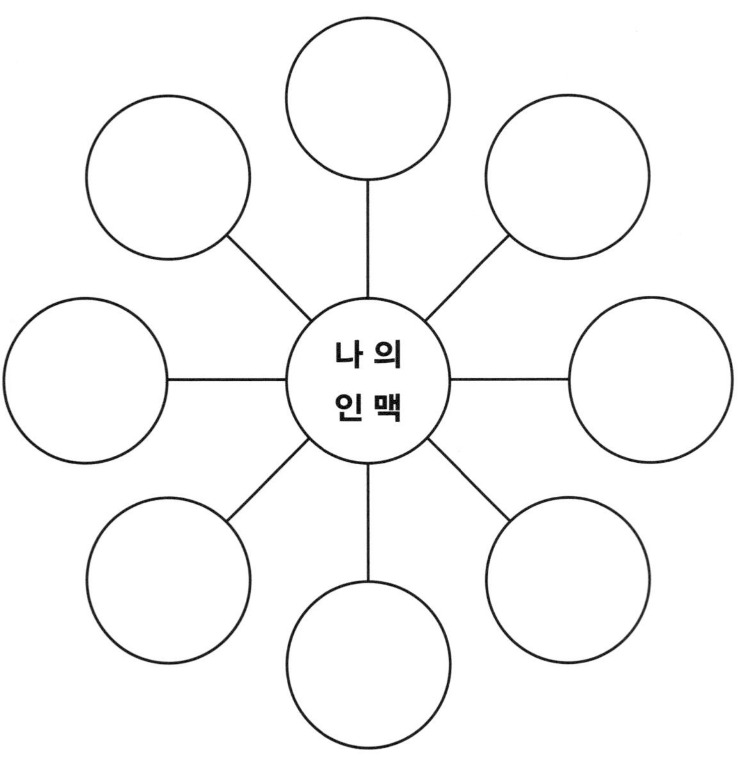

나의 경험 지도 만들어 보기

나의 과거를 뒤돌아보며 가장 기억 남는 경험에 대해 작성해 보세요.

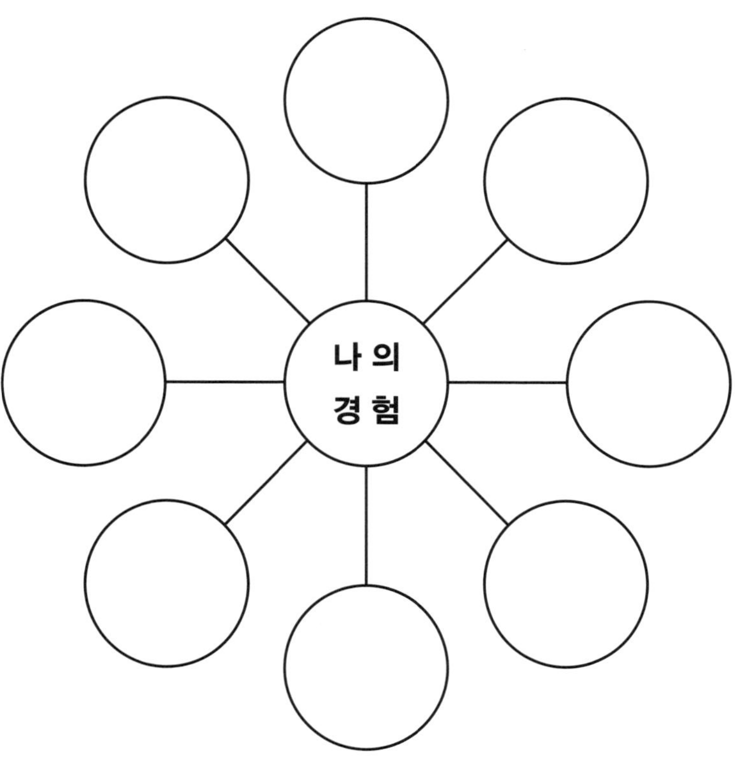

나의 학습 지도 만들어 보기

나의 과거를 뒤돌아보며 내가 배우고 학습했던 경험에 대해 작성
해 보세요.

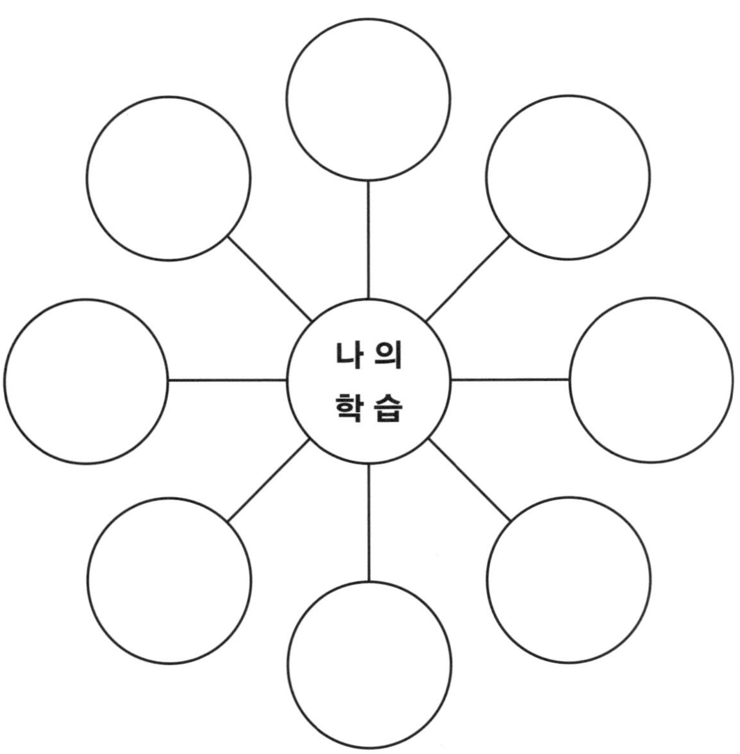

나의 이미지 지도 만들어 보기

나의 과거를 뒤돌아보며 내가 생각하는 나의 이미지에 대해 작성해 보세요. (성격, 태도, 습관, 별명...)

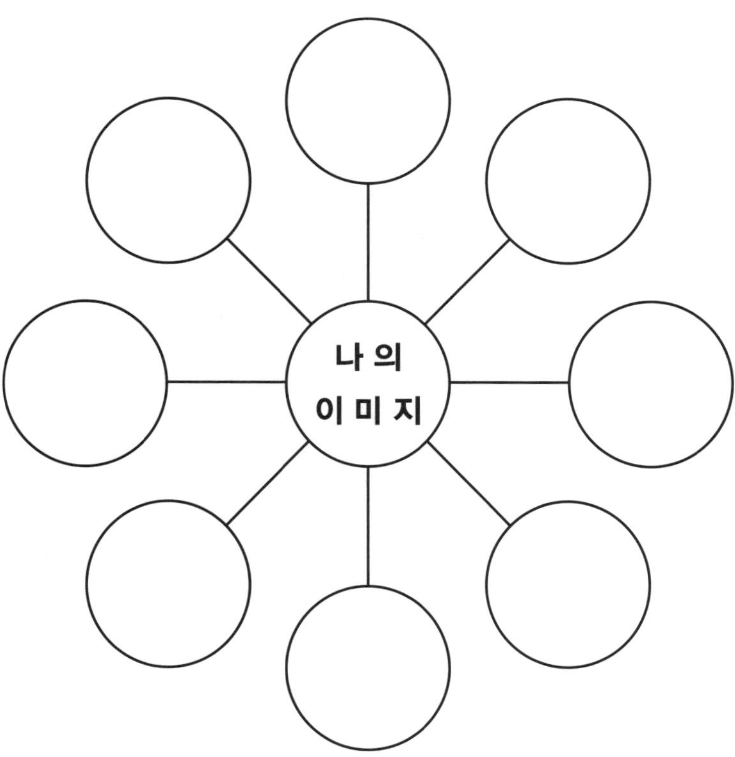

나의 꿈 지도

나의 과거를 뒤돌아보며 내가 하고 싶었던 일, 꿈에 대해 작성해
보세요.

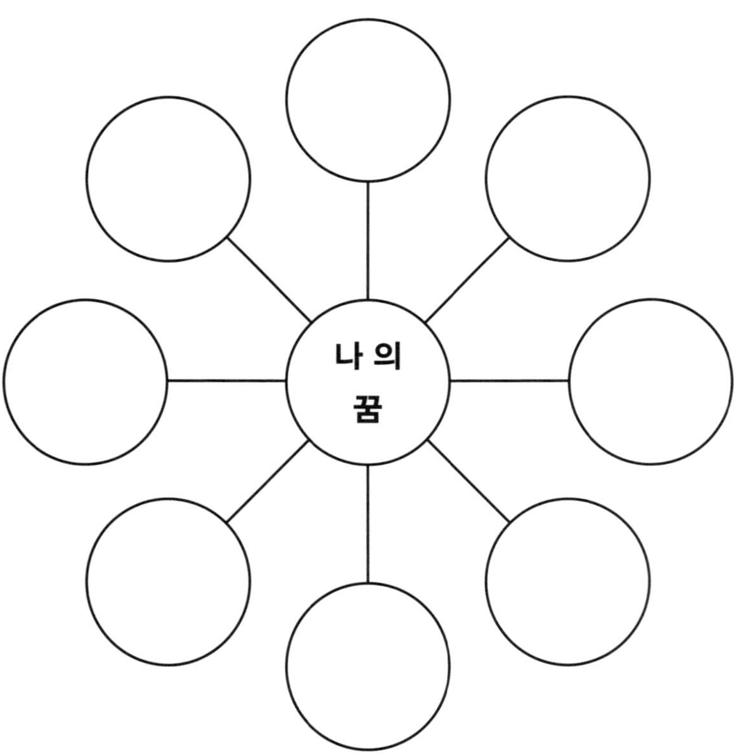

Insight: 나의 과거 기억 스케치

- 인맥관계에서 (성장과정, 성격의 장단점, 존경하는 인물)에 영향을 준 점은 무엇인가?

- 경험관계에서 (어려웠던 경험, 성공했던 경험, 목표를 달성했던 경험)에 관련된 점은 무엇이 있는가?

- 학습관계에서 (성장과정, 직무에 관심)에 대해 관련된 점은 무엇이 있는가?

- 이미지에서 (성장과정, 성격의 장단점, 나를 표현하는 단어)에 관련된 점은 무엇이 있는가?

- 일, 꿈에서 (직무에 관심, 직무역량, 회사 선택)에 관련된 점은 무엇이 있는가?

Chapter 2

나는 어떻게 자라왔는가?

나는 어떤 성장과정을 거치면서 부모님에게
혹은, 가정환경으로 영향을 받은 점은 무엇인지
살펴보도록 하겠습니다.
그것이 나의 인격형성에
어떻게 영향을 주게 되었는지 알아보도록
하겠습니다.

부모님의 직업은 무엇인가요? 부모님의 직업에 따라 영향을 받은 점은 무엇인가요?

Q. 02

부모님이 어릴 적부터 주로 해주신 말씀이 있다면 어떤 말들이 있을까요? 그 중에서 인상 깊었던 내용은 무엇인가요?

부모님이 "나"를 위해 평소 보여주신 행동과 태도는 어떤 것들이 있나요? 배울 점은 무엇이 있나요?

집 주변 환경으로 인해 성격이나 태도에 영향을 주었던 점은 무엇이 있나요?

집안의 가훈은 무엇인가요? 어떤 뜻이고, 본인의 생활에 어떤 영향을 주었나요?

Q. 06 --

가정환경으로 개인적으로 어려웠던 점은 무엇이 있나요?(경제적 어려움, 자취생활, 통학) 이를 극복하기 위해 어떤 노력을 하였나요?

• 성장과정 속에서 나의 태도 형성이나, 관심분야를 가지게 된 계기가 있나요?

• 성장과정 속에서 자신의 가치관 형성에 관련 있는 경험은 무엇이 있나요?

Chapter 3

나를 어떻게 생각하는가?

"나는" 어떤 성격의 장점과 단점을 형성하였나?
"나는" 어떤 특징을 가지고 있는지
"나는" 어떤 사람을 존경하는지
나의 성향에 대해 탐색해 보도록 하겠습니다.

자신의 친한 친구는 몇 명인가요? 어디서 만나게 되었나요?
왜 친하게 지내게 되었나요?

친한 친구 3명을 선택하고, 그 친구에 대한 성격과 특징은 무엇이 있었나요? (특징: 다른 사람들에 비해 특별하게 눈에 뜨이는 점)

	성격	특징
1. 친구 ( )		
2. 친구 ( )		
3. 친구 ( )		

친한 친구들은 당신의 성격과 특징에 대해 어떻게 말하나요?

(특징: 다른 사람들에 비해 특별하게 눈에 뜨이는 점)

성격	특징

친구들의 이야기를 뒤돌아보며, 자신이 생각하는 성격의 장점은 무엇인가요? 3가지에 대해 작성해보세요. 그 이유는 무엇인가요?

	장점	이유
1.		
2.		
3.		

친구들의 이야기를 뒤돌아보며, 자신이 생각하는 성격의 단점은 무엇인가요? 3가지에 대해 작성해보세요. 그 이유는 무엇인가요?

	단점	이유
1.		
2.		
3.		

기억나는 경험 중 (주변인물, 주변 사건)으로 인해 본인의 성격적인 형성에 영향 준 경험은 무엇인가요? 그 이유는 무엇인가요?

본인의 좌우명은 무엇인가요? 왜 해당 좌우명을 가지게 되었나요? 이러한 좌우명으로 자신의 생각과 행동에 영향을 주는 점은 무엇이 있나요?

존경하는 인물은 누가 있나요? 그 이유는 무엇인가요?

나의 성격, 생각, 행동에 영향을 준 점은 무엇인가요?

나의 별명은 무엇이었나요? 왜 그런 별명을 얻게 되었나요? 이러한 별명 때문에 나의 성격, 생각, 행동에 어떤 영향을 주게 되었나요?

내가 좋아하는 색, 동물이 있다면 무엇이 있나요? 그 이유는 무엇
인가요?

나를 표현할 수 있는 단어, 색, 동물이 있다면 무엇이 있나요? 그
이유는 무엇인가요? 이러한 것이 나의 성격, 생각, 행동에 어떤 점
과 관계되어 있나요?

Insight: 나를 어떻게 생각하는가?

• 나의 성격의 장단점은 무엇인가요?

• 나의 강점은 무엇인가요? (강점: 남들에 비해 뛰어난 점)

• 나를 한마디로 표현하면 무엇으로 설명할 수 있나요?

• 나는 어떤 인물을 존경하나요?

Chapter 4

나의 관심사는 무엇인가?

나는 무엇을 좋아하는 성향인지
나의 관심활동을 되돌아보며
나의 관심사에 대해 알아보도록 합시다.

내가 흥미를 가지고 읽어 온 책들은 무엇이 있나요? 왜 읽게 되었고, 관련 내용은 무엇이었는지, 어떤 점을 느끼게 되었나요?

Q. 02

내가 흥미를 가지고 본 영화들은 무엇이 있나요? 왜 보게 되었고,
관련 내용은 무엇이었는지? 어떤 점을 느끼게 되었나요?

내가 흥미를 가지고 학교에서 활동했던 일은 무엇이 있나요?

(학교친구들과 경험, 혼자 활동한 경험)

내가 흥미를 가지고 활동 한 것 중 학교생활 외에 무엇이 있나요?

(친구들과 경험, 외부모임, 혼자 활동한 경험)

Q. 05

집에서 내가 흥미를 가지고 활동한 경험은 무엇이 있나요?

(가족과 경험, 혼자 활동한 경험)

나의 취미는 무엇이고, 특기는 무엇입니까? 왜 이러한 취미, 특기를 가지게 되었는지? 구체적인 활동 내용은 무엇이 있나요?

내가 좋아하는 운동은 무엇입니까? 왜 하게 되었는지?
운동은 나에게 어떤 점에 영향을 주는 활동인가요?

내가 주로 접속하는 인터넷 사이트는 무엇입니까? 그 이유는?
어떤 내용과 정보를 주로 얻게 되나요?

• 나의 성장과정이나 가치관에 영향을 준 점은 무엇이 있나요?

• 나의 성격의 장단점에 영향을 준 점은 무엇이 있나요?

• 지원직무에 관련 있는 활동이나 경험은 무엇이 있나요?

Part 02

나의 대학생활

나의 대학생활 경험 속에는 지원직무에 필요한 지식과 기술부터
리더십, 팀워크, 목표달성 등의 스토리텔링 문항에 해당하는
경험과 사례가 있습니다.
나의 학교생활을 뒤 돌아보며 나는 어떤 역량과
경험을 쌓아 왔는지 확인해보도록 하겠습니다.

• 스토리텔링 문항 요소 •

기쁨, 슬픔, 성공, 실패, 어려움, 문제해결, 창의력,
목표달성, 도전, 자기개발, 갈등, 설득, 협상, 리더십,
글로벌 문화, 자발적, 끈기, 봉사, 윤리적

참여 이유	토목재료과목에서 실질적인 시멘트의 비중과 풍화 정도를 확인하기 위해 실험에 참여하게 되었음
목표 또는 과제 내용	시멘트 비중의 변화를 측정하여 품질관리에 이용하여 풍화 정도를 파악, 배합설계에서 시멘트가 차지하는 부피를 계산
나의 세부 활동 내용	르 샤틀리에 플라스크, 저울, 석유, 수조 기구를 활용하여 실험 참여 비중을 구할 수 있는 실험식을 이용하여 결과 값을 도출
결과 및 느낀점	시멘트의 저장상태 불량으로 시멘트가 풍화되면 감소한다는 사실을 이해 비중공식 활용능력을 경험하였음
관련 역량	**직무역량**: 토목재료의 이해 **태도**: 신중함

Chapter 1

나의 학과생활

학과생활에서는 학과에 관련된 직무를 수행하기 위한
기초적인 지식과 경험을 쌓을 수 있는 생활입니다.
학과 탐색을 토대로 내가 지원할 수 있는 분야와
회사를 알아보고, 지원직무에 필요한 학습을
무엇을 하였는지 탐색해 보겠습니다.

지원 학과 목표와 비전은 무엇인가요?

지원 학과의 교과 과정 로드맵에 대해서 작성해 보세요.

지원 학과의 교과 과정 중 핵심 과목 세부사항에 대해 작성해
보세요.

	세부내용
과목:	
과목:	
과목:	
과목:	
과목:	

지원 학과에서 진출 가능한 분야와 회사에 대해 탐색해 보세요.

지원가능분야	지원가능회사

Q. 05

지원 학과에서 취득 가능한 자격증에 대해 작성해 보세요.
자격증에서 무엇을 배울 수 있는지 구체적으로 작성해보세요.

지원 학과에서 가장 좋아했던 과목 3가지는 무엇이고, 어떤 내용을 배웠는지 작성해 보세요.

	과목	내용
1.		
2.		
3.		

지원 학과에서 가장 못했던 과목은 무엇이고, 왜 해당과목을 어려워하였는지 작성해 보세요.

교과 과정에서 가장 기억에 남는 프로젝트, 과제, 실험에 대해 각각 3가지 이상 작성해 보세요.

	내용
프로젝트	
과제	
실험	

과제 중 가장 인상 깊었던 경험은 무엇이고, 어떻게 활동하였고, 결과 및 배우고 느낀 점에 대해 기록해 보세요.

과제:

참여 이유	
목표 또는 과제 내용	
나의 세부 활동 내용	
결과 및 느낀점	
관련 역량	직무역량:　　　　　　　태도:

프로젝트 중 가장 인상 깊었던 경험은 무엇이고, 어떻게 활동하였고, 결과 및 배우고 느낀 점에 대해 기록해 보세요.

프로젝트:

참여 이유	
목표 또는 과제 내용	
나의 세부 활동 내용	
결과 및 느낀점	
관련 역량	직무역량:　　　　　　　　태도:

실험 중 가장 인상 깊었던 경험은 무엇이고, 어떻게 활동하였고, 결과 및 배우고 느낀 점에 대해 기록해 보세요.

실험:

참여 이유	
목표 또는 과제 내용	
나의 세부 활동 내용	
결과 및 느낀점	
관련 역량	직무역량:　　　　　　　태도:

Insight: 나의 학과 생활

- 지원 가능한 회사와 직무는 무엇이 있나요?

- 직무와 관련된 학과 과목은 무엇이 있나요?

- 직무와 관련된 자격증은 무엇이 있나요?

- 직무와 관련된 과제, 프로젝트, 실험은 무엇이 있나요?

- 스토리텔링형에 관련된 경험은 무엇이 있나요?
  (팀워크, 창의력, 목표달성경험...)

활동: ○○동아리 커피판매 경험

참여 이유	동아리 이벤트 기간에 커피판매를 할 수 있는 기회가 있어, 평소 영업에 관심이 많아 참여 하게 되었다
어떤 일이 있었나요?	처음 판매를 시작하려고 하니 어떤 원두를 좋아할지몰라서 고민이 되었다. 학생들에게 잘 팔기 위해 고민하게 되었다
경험 속 나의 활동 내용	다양한 원두를 맛과 향을 보고, 학생들이 무엇을 선호하는지 맛 평가를 바탕으로 원두를 결정하여 판매를 하게 되었음
결과 및 느낀점	학생들의 입맛에 맞는 니즈를 잘 파악하여 커피판매를 성공적으로 수행할 수 있었다
관련 역량	**직무역량:** 고객의 니즈 분석 **태도:** 서비스마인드

나의 학교 생활

나의 학교생활의 모든 활동은 자기소개서의
밑거름이 될 수 있습니다.
봉사활동, 인턴활동 등의 다양한 경험은
직무역량부터 성격의 장단점에 활용할 수 있는
사례를
제공해 줍니다.
어떤 경험이든지 다 활용할 가치가 있는
"나만의" 소중한 경험과 자산이 되니
하나하나 지나 지치지 말고 작성해 보세요.

교내 프로그램 참여 활동 중 기억에 남는 활동에 대해 작성해 보세요.

활동:

참여 이유	
어떤 일이 있었나요?	
경험 속 나의 활동 내용	
결과 및 느낀점	
관련 역량	직무역량:　　　　　　　태도:

동아리 활동 중 기억에 남는 활동에 대해 작성해 보세요.

활동:

참여 이유	
어떤 일이 있었나요?	
경험 속 나의 활동 내용	
결과 및 느낀점	
관련 역량	직무역량:　　　　　　　　태도:

어학연수 활동 중 기억에 남는 활동에 대해 작성해 보세요.

활동:

참여 이유	
어떤 일이 있었나요?	
경험 속 나의 활동 내용	
결과 및 느낀점	
관련 역량	직무역량: 태도:

Q. 04

봉사활동 경험 중 기억에 남는 활동에 대해 작성해 보세요.

활동:

참여 이유	
어떤 일이 있었나요?	
경험 속 나의 활동 내용	
결과 및 느낀점	
관련 역량	직무역량: 태도:

교내외 수상경험 중 기억에 남는 활동에 대해 작성해 보세요.

활동:

참여 이유	
어떤 일이 있었나요?	
경험 속 나의 활동 내용	
결과 및 느낀점	
관련 역량	직무역량:　　　　　　　　태도:

Q. 06

교환학생 경험 중 기억에 남는 활동에 대해 작성해 보세요.

활동:

참여 이유	
어떤 일이 있었나요?	
경험 속 나의 활동 내용	
결과 및 느낀점	
관련 역량	직무역량:　　　　　　　태도:

서포터즈 활동 경험 중 기억에 남는 활동에 대해 작성해 보세요.

활동:

참여 이유	
어떤 일이 있었나요?	
경험 속 나의 활동 내용	
결과 및 느낀점	
관련 역량	직무역량:　　　　　　태도:

Q. 08

아르바이트 경험 중 기억에 남는 활동에 대해 작성해 보세요.

활동:

참여 이유	
어떤 일이 있었나요?	
경험 속 나의 활동 내용	
결과 및 느낀점	
관련 역량	직무역량: 태도:

Q. 09

공모전 경험 중 기억에 남는 활동에 대해 작성해 보세요.

활동:

참여 이유	
어떤 일이 있었나요?	
경험 속 나의 활동 내용	
결과 및 느낀점	
관련 역량	직무역량:　　　　　　　　　태도:

Q. 10

인턴 경험 중 기억에 남는 활동에 대해 작성해 보세요.

활동:

참여 이유	
어떤 일이 있었나요?	
경험 속 나의 활동 내용	
결과 및 느낀점	
관련 역량	직무역량: 태도:

복수 전공 경험이 있다면, 왜 복수 전공을 하였고, 무엇을 배우게
되었나요?

활동:

참여 이유	
어떤 일이 있었나요?	
경험 속 나의 활동 내용	
결과 및 느낀점	
관련 역량	직무역량:　　　　　　　태도:

Q. 12

대회/논문/연구 기타 학습 경험 중 기억에 남는 활동에 대해 작성해 보세요.

활동:

참여 이유	
어떤 일이 있었나요?	
경험 속 나의 활동 내용	
결과 및 느낀점	
관련 역량	직무역량:　　　　　　　태도:

- 직무수행에 관련 있는 경험은 무엇이 있나요?

- 성장과정에 관련 있는 경험은 무엇이 있나요?

- 성격의 장점 단점에 관련 있는 경험은 무엇이 있나요?

- 스토리텔링형에 관련된 경험은 무엇이 있나요?
  (팀워크, 창의력, 목표달성경험...)

Part 03
나의 경험 역량 정리

나의 생활경험과 대학생활 경험을 바탕으로
자기소개서에서 요구 하는
경험역량에 대해 알아보며
개인역량, 팀역량, 인재상과 연관된 경험들이
무엇인지 있는지 정리해보도록 하겠습니다.

활동: 마라톤 참가를 한 경험

어떤 목표를 달성한 경험인가요?	체력이 좋지 않아 체력향상을 통해 최종 마라톤에 참가하는 목표를 만들게 됨
어떤 일이 있었나요? (사건, 과제, 목표)	처음 운동을 하려고 하다 보니 몸이 잘 따라가지 않았고, 운동장 한 바퀴도 돌지 못할 정도로 체력이 허약하였다
경험 속 나의 활동 내용	우선 트레이너님께 상담을 통해 다리근육과 자전거를 통해 기초체력을 높였고 그 이후 운동장에서 러닝을 잘 할 수 있었다. 매주 1~2바퀴씩 증가하면서 운동량을 높였다
결과 및 느낀점	결국 마라톤 대회에 참여할 수 있었고 비록 전체 코스를 완료하지 못하였지만, 참여에 의미와 할 수 있다는 자신감을 가지게 됨
관련 역량	직무역량: _ 태도: 목표달성능력

나의 개인 역량

개인역량에 나오는 키워드는 자기소개서에서
요구하는 문항에서
가장 빈출 적으로 나오는 부분을 정리하였습니다.
최근 자기소개서는 이러한 경험 역량에 관련된
질문에 대해 혼합하여 사용하고 있습니다.
예를 들어
"어려웠던 경험"＋"목표를 달성했던 경험"을
활용하여
"어려웠지만 주어진 목표를 달성한 경험"에
대해 물어 보곤 합니다.
여기선 중심키워드는? "목표를 달성한 경험"
이처럼 같은 경험이라도 중심 키워드에
가장 연관된 경험은 무엇인지
정리해보도록 하겠습니다.

Q. 01

대학시절부터 현재 까지 가장 기뻤던 경험은 무엇인가요?

경험:

왜 기쁜 경험인가요?	
어떤 일이 있었나요? (사건, 과제, 목표)	
경험 속 나의 활동 내용	
경험 결과 및 느낀점	
관련 역량	직무역량:　　　　　　태도:

Q. 02

대학시절부터 현재 까지 가장 슬펐던 경험은 무엇인가요?

경험:

왜 슬픈 경험인가요?	
어떤 일이 있었나요? (사건, 과제, 목표)	
경험 속 나의 활동 내용	
경험 결과 및 느낀점	
관련 역량	직무역량: 태도:

대학시절부터 현재 까지 가장 성공한 경험은 무엇인가요?

경험:

왜 성공한 경험인가요?	
어떤 일이 있었나요? (사건, 과제, 목표)	
경험 속 나의 활동 내용	
경험 결과 및 느낀점	
관련 역량	직무역량:　　　　　　태도:

대학시절부터 현재 까지 가장 실패했던 경험은 무엇인가요?

경험:

왜 실패한 경험인가요?	
어떤 일이 있었나요? (사건, 과제, 목표)	
경험 속 나의 활동 내용	
경험 결과 및 느낀점	
관련 역량	직무역량:　　　　　태도:

대학시절부터 현재 까지 가장 힘들었던 경험은 무엇인가요?

경험:

왜 힘들었던 경험인가요?	
어떤 일이 있었나요? (사건, 과제, 목표)	
경험 속 나의 활동 내용	
경험 결과 및 느낀점	
관련 역량	직무역량: 태도:

대학시절부터 현재 까지 복잡한 문제를 잘 해결한 경험은 무엇인가
요?

경험:

왜 발생한 문제인가요?	
어떤 일이 있었나요? (사건, 과제, 목표)	
경험 속 나의 활동 내용	
경험 결과 및 느낀점	
관련 역량	직무역량:　　　　　　　　태도:

Q. 07

대학시절부터 현재 까지 창의적으로 해결했던 경험은 무엇인가요?

경험:

왜 창의적인 경험인가요?	
어떤 일이 있었나요? (사건, 과제, 목표)	
경험 속 나의 활동 내용	
경험 결과 및 느낀점	
관련 역량	직무역량:　　　　　　　태도:

대학시절부터 현재 까지 목표를 달성했던 경험은 무엇인가요?

경험:

어떤 목표를 달성한 경험인가요?	
어떤 일이 있었나요? (사건, 과제, 목표)	
경험 속 나의 활동 내용	
경험 결과 및 느낀점	
관련 역량	직무역량:　　　　　　　태도:

대학시절부터 현재 까지 도전했던 경험은 무엇인가요?

경험:

왜 도전한 경험인가요?	
어떤 일이 있었나요? (사건, 과제, 목표)	
경험 속 나의 활동 내용	
경험 결과 및 느낀점	
관련 역량	직무역량: 태도:

Q. 10

대학시절부터 현재 까지 자기개발 했던 경험은 무엇인가요?

경험:

왜 자기개발 하게 되었나요?	
어떤 일이 있었나요? (사건, 과제, 목표)	
경험 속 나의 활동 내용	
경험 결과 및 느낀점	
관련 역량	직무역량:　　　　　　　　태도:

대학시절부터 현재 까지 갈등을 가장 잘 해결했던(설득, 협상, 의견 일치) 경험은 무엇인가요?

경험:

왜 갈등을 경험하게 되었나요?	
어떤 일이 있었나요? (사건, 과제, 목표)	
경험 속 나의 활동 내용	
경험 결과 및 느낀점	
관련 역량	직무역량:　　　　　　　태도:

대학시절부터 현재 까지 리더십을 가장 잘 발휘했던 경험은 무엇인가요?

경험:

왜 리더십을 발휘한 경험인가요?	
어떤 일이 있었나요? (사건, 과제, 목표)	
경험 속 나의 활동 내용	
경험 결과 및 느낀점	
관련 역량	직무역량: 태도:

Q. 13

대학시절부터 현재 까지 글로벌 문화를 접할 수 있었던 경험은 무엇인가요?

경험:

왜 글로벌 문화를 접하게 되었나요?	
어떤 일이 있었나요? (사건, 과제, 목표)	
경험 속 나의 활동 내용	
경험 결과 및 느낀점	
관련 역량	직무역량:　　　　　　　　태도:

Q. 14

대학시절부터 현재 까지 자발적으로 문제를 찾아 해결 했던 경험은 무엇인가요?

경험:

왜 자발적으로 문제를 찾아 해결했나요?	
어떤 일이 있었나요? (사건, 과제, 목표)	
경험 속 나의 활동 내용	
경험 결과 및 느낀점	
관련 역량	직무역량:　　　　　　　태도:

Q. 15 ---

대학시절부터 현재 까지 끝까지 포기하지 않고 문제를 해결했던 경험은 무엇인가요?

경험:

왜 끝까지 문제를 해결하였나요?	
어떤 일이 있었나요? (사건, 과제, 목표)	
경험 속 나의 활동 내용	
경험 결과 및 느낀점	
관련 역량	직무역량:　　　　　　　태도:

대학시절부터 현재 까지 봉사 활동한 경험은 무엇인가요?

경험:

왜 봉사활동을 하였나요?	
어떤 일이 있었나요? (사건, 과제, 목표)	
경험 속 나의 활동 내용	
경험 결과 및 느낀점	
관련 역량	직무역량:　　　　　　　태도:

Q. 17

대학시절부터 현재 까지 윤리적으로 행동한 경험은 무엇인가요?

경험:

왜 윤리적으로 행동하였나요?	
어떤 일이 있었나요? (사건, 과제, 목표)	
경험 속 나의 활동 내용	
경험 결과 및 느낀점	
관련 역량	직무역량:　　　　　　　　태도:

나의 팀 역량

조직구성원들과 함께한 활동 중에 나의 팀 역량에 대해
탐색해 보도록 하겠습니다.
자기소개서나 면접에 한번쯤은 꼭 물어보는
역량으로 "조직생활"을 잘 할 수 있는지,
물어보기 위한 질문들입니다.
나는 조직구성원들과 어떠한 관계와
경험이 있는지 탐색해 보겠습니다.

조직을 가장 잘 이해하고 있었던 경험은 무엇인가요? 조직의 장점, 개선점은 무엇인가요? 장점과 개선점에 기여하고자 어떤 활동을 하게 되었나요?

Q. 02

조직 생활 중 소속감을 가장 강하게 느낀 경험은 무엇인가요?
그 이유는 무엇인가요? 구체적인 활동은 무엇을 하였나요?

조직 생활 중 조직의 목표 달성을 위해 자신을 희생했던 경험은 무엇인가요? 왜 희생하게 되었으며, 구체적인 행동은 무엇을 하였나요?

조직 생활 중 조직의 목표 달성하기 위해 팀워크를 가장 잘 발휘했던 경험은 무엇인가요? 구체적으로 어떤 활동을 기여하였나요?

조직 생활 중 조직원들과 의견불일치로 갈등을 해결 했던 경험은 무엇인가요? 갈등을 해결하기 위해 어떤 활동을 하게 되었나요?

조직 생활 중 팀원들을 동기부여 했던 경험은 무엇인가요?
왜 동기부여가 필요했나요? 동기부여를 위해 어떤 활동을 하게 되었나요?

Chapter 3

나의 기업 인재상 탐색

대부분의 기업 인재상은 개인역량 요소에
다 포함되지만
개인역량 외에 각 기업에서 특별히 요구되고 있는
인재상에 비추어 나의 경험과 사례는
무엇이 있는지 알아보도록 하겠습니다.

롯데

〔실력을 키우기 위해 끊임없이 노력하는 젊은이〕
관련 경험은 무엇이 있나요?

GS 에너지

〔신뢰 : 자신의 역할을 다하며 서로 믿고 존중한다.〕

관련 경험은 무엇이 있나요?

〔Customer : 고객을 존중하고 고객행복을 위해 헌신하는 인재〕
관련 경험은 무엇이 있나요?

SPC 그룹

〔정직: 우리는 기본에 충실하며 올바르게 행동한다〕

관련 경험은 무엇이 있나요?

대한항공

〔서비스 정신과 올바른 예절의 소유자〕

관련 경험은 무엇이 있나요?

삼성 SDS

〔열정: 끊임없는 열정으로 미래에 도전하는 인재〕

관련 경험은 무엇이 있나요?

포스코

〔개방성: 열린 사고와 행동으로 다양성과 차이를 존중하고 배려함
으로써 신뢰관계를 형성하는 자질〕
관련 경험은 무엇이 있나요?

Insight: 나의 기업 인재상 탐색

- 다양한 기업들에 대한 인재상을 탐색하면서 관련 경험에 대해 좀 더 탐색해 보세요.

1. (   )관련 경험은 무엇이 있나요?

2. (   )관련 경험은 무엇이 있나요?

3. (   )관련 경험은 무엇이 있나요?

Part 04

직무와 기업정보 정리

나의 경험과 역량에 맞는 직무 선택을 위해

희망하는 직무와 기업 정보를 파악하면서

직무와 기업에서 요구하는 역량과 자신의 경험을 연결지어

자기소개서에서 요구하는 지원 동기나

입사 후 포부, 직무수행을 위해

노력한 점에 대해

작성할 소재를 찾아보도록 하겠습니다.

나의 직무에 대해 알아보자

내가 지원하는 직무가 어떤 일을 하고
어떤 역량을 요구하는지 내용을 확인하면서
나는 직무 수행을 위해 어떤 준비를 하였고
어떤 역량을 기여할 수 있는지 연결 고리를
만들기 위한 탐색을 해보겠습니다.

직무분석이 필요한 이유

직무분석이 필요한 이유는 내가 앞으로 일하게 될 직무 내용과 업무에 대한 이해뿐만 아니라, 나는 해당 직무에 지원할 수 있는 역량과 자격을 갖추었는지 확인하는 작업입니다. 회사 채용담당자 입장에서도 수많은 지원자들 중에 지원직무에 대한 이해와 경험이 있는 지원자를 선호하는 것은 사실입니다. 비록 직접 업무를 경험할 수 없더라도 해당 직무와 관련된 교육과 지식, 경험을 근거로 지원 직무수행능력을 보여주셔야 합니다.

내가 잘 수행할 수 있고, 내가 잘 준비해온 경험과 역량을 바탕으로 채용가능성이 높은 직무를 찾아 지원하는 것이 현명한 취업준비의 시작이라고 생각합니다. 자신이 희망하는 직무를 탐색하면서 나의 역량과 연관성에 대해 알아보도록 합시다.

직무의 역량은 3가지로 구성되어 있습니다. 지식, 기술, 태도로 구성되어 있습니다. 쉽게 예를 들어 보겠습니다. 토목설계직무의 지식, 기술, 태도를 파악해보면 무엇이 있을까요? 지식측면에서는 토목설계에 필요한 이론과 공식, 기술적인 측면은 CAD(설계프로그램)을 다룰 수 있는 능력, 태도적인 측면 꼼꼼함, 신중함 등이 있습니다. 이러한 측면으로 지원직무의 역량점을 구체적으로 분석하고 나의 경험 속에 내용들과 연결하시면 됩니다.

직무 분석 방법

1. 채용기업의 홈페이지 탐색

희망 기업의 채용사이트를 들어가 보면, 직무소개란을 찾을 수 있습니다. 동일한 직무라도 지원회사의 산업과 서비스 특징에 따라 다를 수 있으니 기업의 직무소개 정보를 꼼꼼하게 확인해 보시기 바랍니다.

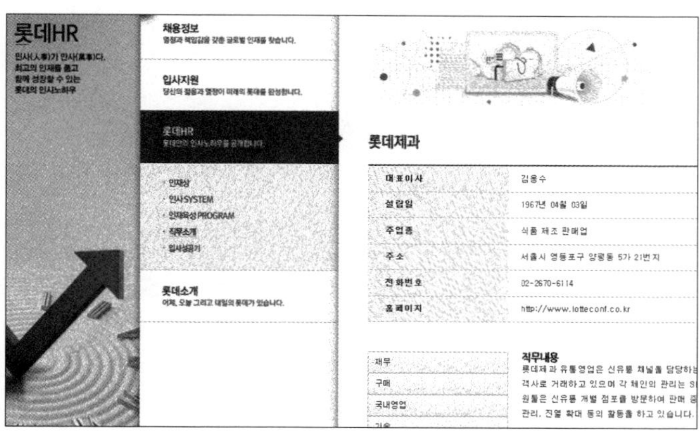

(참고 사이트: job.lotte.co.kr)

2. 직무 탐색 사이트

실제로 희망 기업의 채용사이트에 있는 직무소개란 보단, 직무 탐색 사이트를 활용하면 구체적인 정보를 얻을 수 있습니다.

(www.ncs.go.kr)

국가직무능력표준 사이트를 접속하시면, NCS 및 학습모듈 검색을 확인할 수 있습니다. 24개의 분야별로 구성되어 있는 요소 중 자신의 직무와 연관된 분야 카테고리에서 세부적인 직무 내용 중 자신이 희망하는 직무 업무 내용을 확인할 수 있습니다. 위 예시 사진은 "공적개발원조사업관리" 직무를 검색한 결과입니다. 직무의 정의 옆에 있는 첨부파일을 클릭하시게 되면 좀 더 세부적인 직무내용을 확인할 수 있습니다.

2) 고용노동부 워크넷 www.work.go.kr

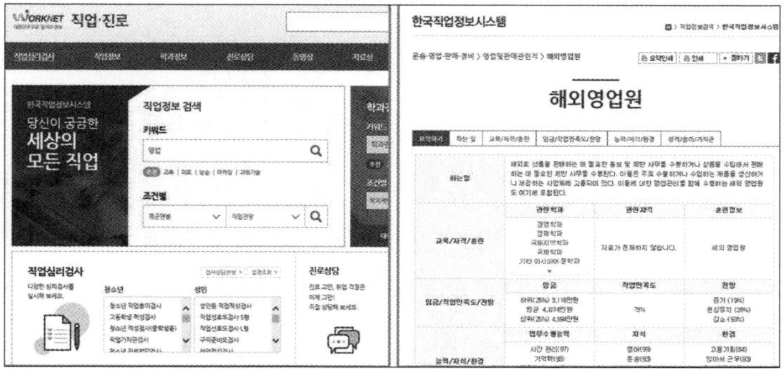

(www.work.go.kr)

고용노동부 워크넷은 한국고용정보원이 운영하고 있습니다. 특히 진로지도 및 직업정보 제공을 위해 개인에게 맞는 직업탐색을 위한 직업심리검사와 미래 직업, 학과 등 직업 관련 정보를 한 곳에서 볼 수 있는 한국직업정보시스템을 운영하고 있습니다. 워크넷에서 직무분석을 하기 위해 워크넷 직업과 진로 카테고리에서 직업정보탐색 검색란을 활용하시면 검색직무의 하는 일, 교육/자격/훈련, 임금/직업만족도/전망, 능력/지식/환경 등 구체적인 정보를 확인할 수 있습니다.

3. 인맥활용

직무사이트를 통해 나의 직무에 대한 정보를 다 알기 어렵다면
주변 인맥을 활용해 보는 것도 좋은 방법이 됩니다. 주변에 관련 직
무에 종사하고 있는 선배님을 통해 직무의 구체적인 내용에 대해
인터뷰를 할 수 있습니다. 관련 선배님의 정보가 없더라도 취업지
원센터에 방문에 관련 직무 선배님에 대한 정보와 연락처를 얻을
수 있으니 활용해 보기 바랍니다.

Q. 01

지원 직무는 어떤 일을 주로 하는 곳인가요?

지원 직무의 하루 일과에 대해 작성해 보세요.

지원 직무의 10년 후 비전에 대해 탐색해 보세요.

지원 직무에서 요구되는 역량은 무엇이 있나요?

지식, 기술, 태도 3가지 측면으로 정리해 보세요.

	내용
지식	
기술	
태도	

지원 직무 지원을 위해 요구되는 자격증, 어학점수 등 필요 스펙은 무엇이 있나요?

지원 직무를 수행할 수 있는 채용 희망 기업을 탐색해 보세요.

Q. 01

성장과정 속 지원직무에 대해 관심을 가진 계기 또는 관련 있는 경험은 무엇이 있나요?

1학년 학교생활 중 배운 지식과 경험 중 지원 직무와 관련 있는 내용은 무엇이 있나요? 구체적인 내용에 대해 기술하세요.

2학년 학교생활 중 배운 지식과 경험 중 지원 직무와 관련 있는 내용은 무엇이 있나요? 구체적인 내용에 대해 기술하세요.

3학년 학교생활 중 배운 지식과 경험 중 지원 직무와 관련 있는 내용은 무엇이 있나요? 구체적인 내용에 대해 기술하세요.

4학년 학교생활 중 배운 지식과 경험 중 지원 직무와 관련 있는 내용은 무엇이 있나요? 구체적인 내용에 대해 기술하세요.

대학생활, 외부경험 중 지원직무에 관련된 내용은 무엇이 있나요?
구체적인 내용에 대해 기술하세요.

나의 회사에 대해 알아보자

내가 지원하는 회사는 어떤 사업과 비전,
인재를 원하는지 탐색하며,
그 회사에서 지원하기 위한
나의 과거 경험 속 관계와 이유를 찾아
회사와 나와 연결고리를 찾아보도록 하겠습니다.

회사분석이 필요한 이유

나의 직무를 잘 수행할 수 있는 회사를 분석하는 것 또한 취업을 준비하면 중요한 선택이 될 것입니다. 회사 정보를 바탕으로 과연 나의 직무를 가장 잘 수행할 수 있는 회사인지, 비전과 안정적인 회사생활을 할 수 있는지 여부를 종합적으로 판단할 수 있어야 합니다. 왜 지원회사에 입사해야 하는지에 대해 나와 회사와의 관계를 확인할 필요가 있습니다. 기업분석을 통해 나는 회사에 어떤 기여를 할 수 있고, 회사는 나의 미래를 위해 어떤 점을 보장할 수 있는지 연결 고리를 만들어보시기 바랍니다.

기업분석 방법

1. 지원회사 홈페이지

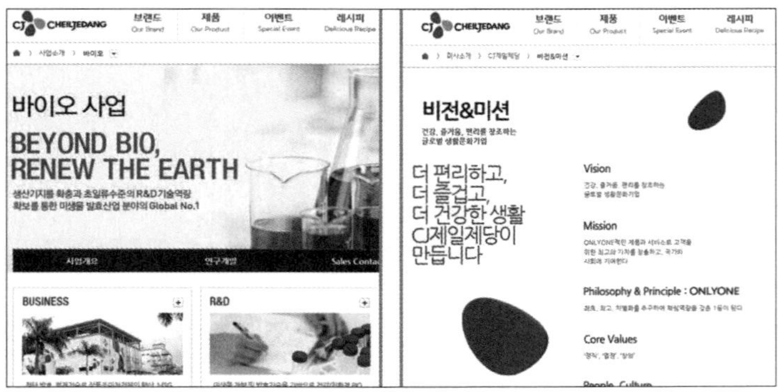

(http://www.cj.co.kr/cj-kr/businesses/4/main)

　지원회사를 분석하는데 있어 회사의 가장 기본적인 정보와 내용을 확인할 수 있는 방법은 바로 지원회사 홈페이지를 탐색하는 것입니다. 지원회사 홈페이지에 들어가 회사의 설립일자, 비전과 미션, 사업의 내용, 최근 동향에 대한 정보를 찾을 수 있고, 채용 관련 내용과 인재상의 요소도 확인할 수 있습니다.

2. 금융감독원 전자공시시스템 (상장회사 기준)

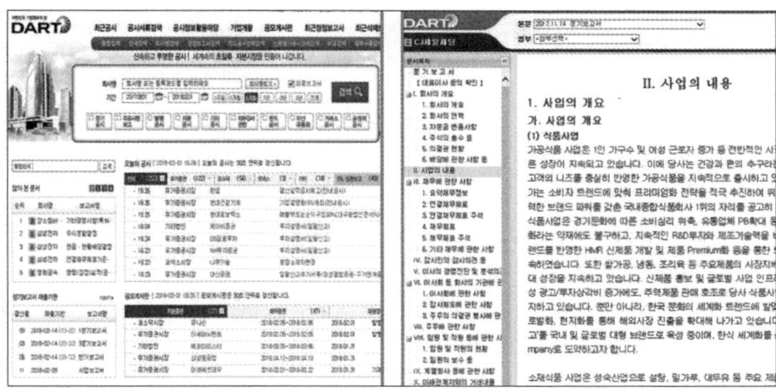

(http://dart.fss.or.kr)

　전자공시시스템(DART ; Data Analysis, Retrieval and Transfer System) 사이트는 상장 법인으로 등록되어있는 회사의 기업정보와 재무정보를 확인할 수 있는 사이트입니다. 지원회사의 명칭을 검색하면 "분기보고서"를 찾을 수 있습니다. 해당 기업의 분기보고서의 사업의 내용에서 지원회사의 사업의 개요, 사업부문별 재무정보, 주요제품 및 가격변동 추이, 판매경로 등 기업홈페이지에서 알기 어려웠던 회사의 구체적인 정보를 확인할 수 있습니다.

3. 중소기업현황정보시스템

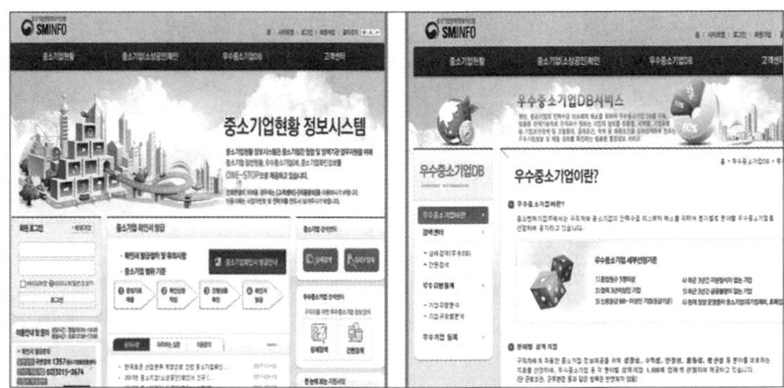

(http://sminfo.mss.go.kr)

중소기업현황정보시스템을 통해 홈페이지만으로 알 수 없는 중소기업회사정보와 우수중소기업정보 확인을 통해 우수한 중소기업 회사 정보를 확인할 수 있습니다.

Q. 01

지원 기업 비전, 목표, 핵심가치에 대해 작성해 주세요.

	내용
비전	
목표	
핵심가치	

Q. 02

지원 기업 사업의 현황에 대해 탐색해 봅시다.

(주력사업, 매출, 영업이익)

지원 기업의 최근 이슈에 대해 3가지 이상 작성해 보세요.

이슈	내용
1.	
2.	
3.	

지원 기업과 경쟁관계에 있는 회사 3곳에 대해 탐색해보세요.

경쟁사	지원기업과 비교 했을 때 장점, 단점
1.( )	
2.( )	
3.( )	

지원 기업에 주로 사용되는 용어에 대해 탐색해 보세요.
특히 직무와 연관되는 점은 무엇이 있나요?

지원 기업 방문 경험이 있다면 무엇을 보았고, 무엇을 느꼈나요?
어떤 점에 있어서 지원하고 싶다는 결심을 하게 되었나요?

지원 기업에 다니는 선배님과 인터뷰 경험이 있다면 무엇에 대해 질문을 주고받았는지, 배우고 느낀 점은 무엇인가요?

지원 기업에 속하는 산업의 동향에 대해 작성해 보세요.

(국내/외 동향)

지원 기업에 속하는 산업의 최근 트렌드가 있다면, 해당 지원기업에 트렌드를 도입할 때 영향을 줄 수 있는 점은 무엇이 있는지 작성해보세요.

지원 기업에 속하는 산업 조사를 통해 새롭게 알게 된 용어나 기억
해야 할 점은 무엇이 있는지 기록해보세요.

Q. 01

지원 기업의 인재상과 핵심가치는 무엇이 있나요.

인재상	핵심가치

지원 기업의 채용절차와 시기에 대해 작성해 보세요.

지원 기업의 과거 자기소개서 항목은 어떻게 구성되어 있나요?

지원 기업의 과거 면접 전형의 기출문제와 면접 방식은 어떻게 구성되어 있나요?

희망 기업 채용에 있어 나의 강점과 보완해야 할 점은 무엇이 있나요?

강점	보안점

Q. 01

내가 직접 지원회사 제품, 서비스 경험을 통한 느낀 점은 무엇이 있나요?

___

Q. 02

내가 지원기업에 기여할 수 있는 점은 무엇이 있나요?

(경험, 지식, 기술, 태도 측면으로 작성해 보세요)

	내용
경험	
지식	
기술	
태도	

지원기업 채용 담당자가 자신을 채용해야할 이유에 대해 5가지 이
상 정리해 보세요.

Part 05

자기소개서 쓰기

이제까지 자기소개서 작성에 필요한 질문 답변 글 작성과
자기분석뿐만 아니라 직무와 기업에 세부적인 내용을 바탕으로
실전 자기소개서를 작성하셔야 합니다.
물론 자기소개서 질문에 대한 답변만으로는
하나의 자기소개서 글을 완성시키기란 어렵습니다.
하지만, 답변내용만으로도 우리는 자기소개서 작성
절반이상 성공한 것입니다.

이제는 질문에 대한 답을 어떠한 과정을 거쳐
하나의 자기소개서로 완성시킬 수 있는지
알아 보록 하겠습니다.

자기소개서 쓰기 활용방법

자기소개서 작성에 필요한 질문에 답 하면서 자신의 과거 경험 탐색을 통해 나의 노력과 지내온 과정들에 대해 뒤돌아 보면서 무엇을 느끼게 되었나요?

경험이 부족하다고 느끼신 분들도 있고, 경험이 필요한 분들 또는 아직도 무엇을 어떻게 해야할지 모르겠다. 라고 고민하시는 분들도 있을 거라 생각해 봅니다. 질문 답변을 바탕으로 본격적으로 자기소개서를 작성하다 보면 좀 더 생각과 방향성이 명확해 질거라 생각합니다.

제가 설명드리고 싶은 자기소개서 유형은 2가지가 있습니다. 기본문항과 경험문항 2가지로 구분할 수 있습니다. 기본문항에서는 자기소개서 항목에서 가장 기본으로 나오는 문항(지원동기, 성장과정, 성격의 장단점, 입사 후 포부)의 항목으로 구성하였습니다. 경험문장에서는 스토리텔링형 문항과 일반적인 본인의 경험과 생각을 물어보는 문항 작성에 대해 알아보고자 합니다.

기본문항의 경우 가장 흔하게 나오지만, 각각의 문항별로 요구하는 사항이 달라 작성하기 어려울 수 있습니다. 특히 지원동기나 입사 후 포부 경우에는 학생들이 가장 작성하기 까다로워 하는 문항으로 알려져 있습니다. 이러한 문항을 총 3단계를 거쳐 전체적인 완성의 모습을 볼 수 있도록 구성해 놓았습니다.

1단계에서는 일반적으로 지원자 분들이 작성하는 내용을 재구성해 놓았습니다. 2단계에서는 자기소개서 완성을 위한 작성 방향과 글의 배열과 편집 점에 대해 소개하려고합니다. 마지막 3단계에서는 최종 완성을 위해 세부적으로 수정해야할 부분과 소제목 완성까지의 모습을 보여드리려고 합니다. 1단계부터 3단계까지 첨삭포인트를 보면서 자신의 자기소개서를 따라서 작성해 보도록 합니다. 제시되어 있는 내용을 바탕으로 단어와 표현만 달리하면서 지원자의 상황에 맞게 변경해 가면서 작성해 보도록 합니다. 그렇게 1단계부터 3단계까지 작성하다보면 나에게 맞는 자기소개서를 완성할 수 있습니다. 기본문항의 경우 여러 가지 유형별로 작성할 수 있도록 각각의 문항 연습을 충분히 할 수 있도록 다양한 예시와 첨삭포인트를 제시하였습니다.

경험문항 작성에는 이미 여러분들이 경험질문 문항에 해당된 순서로 질문에 답하셨다면, 초안 완성이 다 끝난 상태라고 보시면 됩니다. 경험문항에서 제시된 질문 답변 순서가 바로 STAR 배경, 사건, 행동, 결과 중심으로 작성할 수 있도록 제시해 놓았기 때문입니다.

기본문항과 달리 이미 전체적인 작성 구조는 완성된 상태임으로 경험문항의 경우 총 2단계만 거친다면 충분히 완성할 수 있습니다. 기본문항과 마찬가지로 제시된 예시를 바탕으로 자신의 경험에 맞게 단어와 표현만 달리하면서 작성해 보시기 바랍니다.

자소서 작성법에 대해 구체적으로 확인하고 싶다면 부록에 있는 "자기소개서 작성 비법"을 참고하시기 바랍니다.

Chapter 1

기본문항 작성

자기소개서 작성에 가장 기본이 되는 문항
지원동기, 성장과정, 성격의 장단점,
입사 후 포부 문항내용의
3단계 작성내용을 확인하면서
자신의 질문 작성 내용을 바탕으로
기본문항 자기소개서를 완성해 보시기 바랍니다.

• 실제 문항 질문

회사 및 해당직무에 지원하게 된 동기와 입사 후 회사에서 이루고 싶은 중장
기적 목표에 대해 구체적으로 기술해 주십시오.

① KT는 현재 빅데이터를 활용한 사업을 가장 많이 진행하고 있습니다. KT
는 현재 빅데이터를 기반으로 한 고객 맞춤형 서비스를 진행하고 있고, 고객
특성에 맞는 상품개발과 영업프로세스에 혁신을 꾀하고 있습니다. ARS 자동
응답시스템에도 고객의 연령대별 이용 유형에 맞춰 고객별로 서비스를 제공
하는 지능형 ARS를 구축하였습니다. 1981년 창립 이후 대한민국 정보통신
을 이끌어온 KT에서 고객가치 창출을 위해 지원하게 되었습니다. ② KT에
입사하여 고객가치 1등 기업이 되도록 최선을 다하겠습니다. ③ 저는 빅데이
터에 늘 관심과 흥미를 가지고 있었고, 학교에서 빅데이터 관련 이론을 공부
하였습니다. 이러한 저의 빅데이터 지식 KT ○○직무에 기여하겠습니다.

컨설턴트의 조언

1. 지원동기 초안을 작성 많은 지원자들이 하는 실수는 회사 내용을 쓰는 것은 좋지
   만, 회사의 전체적인 내용을 이용한다는 것입니다. 좀 더 직무와 관련된 회사 내용
   으로 작성하는 것이 좀 더 구체적인 지원동기 완성에 도움이 됩니다.

2. 입사 후 포부에 추상적인 내용을 쓰는 경우가 많습니다. 구체적인 목표점을 제시
   하는 포부로 작성해 보시기 바랍니다.

3. 직무역량을 작성하는 것은 좋지만 구체적인 내용, 무엇을 어떻게 활용할 수 있는
   지 구체적인 내용을 제시하면 좋겠습니다,

1. 지원동기 (1차)

• 실제 문항 질문

회사 및 해당직무에 지원하게 된 동기와 입사 후 회사에서 이루고 싶은 중장기적 목표에 대해 구체적으로 기술해 주십시오.

① KT는 현재 빅데이터를 활용한 사업을 가장 많이 진행하고 있습니다. 빅데이터 기반으로 한 고객 맞춤형 서비스를 진행하고 있습니다. 특히 KT의 D-커머스 등의 고객 맞춤형 서비스에 대해 알게 되었습니다. 빅데이터 엔진 부분이 이 사업의 100%를 차지할 정도로 빅데이터 분석의 고도화가 필요할 것으로 예상됩니다. 저의 빅데이터의 관심과 지식을 바탕으로 빅데이터 분석의 ② 고도화에 역량을 기여하겠습니다. ③ 빅데이터 기술교육을 바탕으로 배운 내용을 적용하고 활용할 것입니다. 적재적소에 필요한 다양한 데이터 수집과 알고리즘 파악을 통해 빅데이터 고도화를 가장 잘 수행하는 전문가가 될 것입니다. 빅데이터를 바탕으로 KT 고객을 위한 가치창출에 역량을 기여하겠습니다.

컨설턴트의 조언

1. 직무와 연관된 회사 내용은 잘 작성하셨습니다. 이제 더 나아가 이러한 내용이 왜 나와 연관되는지 연결하여 작성해 주시기 바랍니다.

2. 고도화 작업이란 것이 무엇인지 좀 더 고도화 작업에 필요한 내용에 대해 구체적으로 작성해 주시면 좋겠습니다.

3. 직무에 연관된 교육 내용을 작성했지만, 좀 더 무엇을 어떻게 배웠는지 내용을 제시하기 바랍니다.

• 실제 문항 질문

회사 및 해당직무에 지원하게 된 동기와 입사 후 회사에서 이루고 싶은 중장기적 목표에 대해 구체적으로 기술해 주십시오.

〔빅데이터 활용능력과 데이터 처리 효율을 높이다.〕

① KT의 빅데이터 부서에서 데이터 수집과 분석을 높이고 데이터 처리 효율을 높이기 위해 지원하게 되었습니다. ○○○전문 교육원에서 빅데이터 프로젝트를 진행하며 KT의 'D-커머스' 등의 고객 맞춤형 서비스에 대해 알게 되었습니다. 빅데이터 엔진 부분이 이 사업의 100%를 차지할 정도로 빅데이터 분석의 고도화가 필요한 분야라고 생각합니다. ② 빅데이터의 유형별 정의와 접근 및 조건문을 학습하였고, 비정형 분석과 반정형 분석을 실습하였습니다. 또한 기계학습 분석 결과를 바탕으로 추가적인 기술통계분석을 익힐 수 있었습니다. 이러한 능력을 바탕으로 KT에 빅데이터 기술 교육과 IT 기술 지식을 바탕으로 KT 데이터 활용과 효율 개선을 하고 싶습니다.

③ 활용도를 높이기 위해 적재적소에서 활용할 수 있는 다양한 데이터를 수집할 것입니다. 다양한 채널에서 수집된 데이터를 수집과 활용 수 있도록 채널을 확대에 노력할 것입니다.

④ 그리고 KT 빅데이터의 기존 분석 방법과 개선할 알고리즘에 대해 파악할 것입니다. 데이터의 처리 과정에서 발생할 수 있는 알고리즘에 개선사항과 보완사항에 대해 철저하게 살펴 데이터 처리 효율을 높일 것입니다.

이러한 계획을 바탕으로 KT 빅데이터의 활용과 처리효율 증대를 달성하겠습니다.

컨설턴트의 조언

1. 직무와 연관된 회사 내용을 지원자 자신과 잘 연결지어 작성하셨습니다.

2. 구체적인 직무역량을 통한 지원동기를 잘 제시하였습니다.

3. 입사 후 포부에 체계적으로 무엇을 어떻게 하고 싶다는 내용을 잘 작성해 주셨습니다.

• **실제 문항 질문**

회사 및 해당직무에 지원하게 된 동기에 대해 구체적으로 기술해 주십시오.

① ○○지점 아르바이트를 하면서 손님들에게 화장품 물건을 판매하였습니다. 판매를 하면서 고객들에게 제품도 추천해주고, 고객들이 원하는 화장품에 대해 빠르게 확인하며 물건을 전달도 하였습니다. 제품의 환불문제가 발생될 때 늘 고객들에게 친절하게 특징과 장점을 잘 설명하면서 고객들의 마음을 달래주었습니다. 물건 제품이 부족할 경우에는 창고에 가서 부족한 물건도 가져다 놓으면서 열심히 활동하다보니 칭찬도 받을 수 있었습니다. ② 일을 하면서 익숙하게 본 코스맥스에 대해 알게 되었습니다. 코스맥스는 화장품 연구개발 생산 전문 기업으로 화장품 ODM기업으로 알고 있습니다. ③ 이러한 코스맥스에서 화장품 판매경험을 바탕으로 저의 역량을 기여하기 위해 지원하게 되었습니다.

컨설턴트의 조언

1. 아르바이트 경험을 드러내는 것은 좋으나 어떤 직무에 기여하고 싶은 경험인지 정리된 내용으로 제시하기 바랍니다.

2. 회사의 내용이 다소 추상적입니다. 구체적인 회사 내용을 작성해주시면 좋겠습니다.

3. 왜 지원회사에 들어가고 싶은지 구체적인 동기가 들어나지 않습니다.

2. 지원동기 (1차)

• 실제 문항 질문

회사 및 해당직무에 지원하게 된 동기에 대해 구체적으로 기술해 주십시오.

① ○○지점 아르바이트를 하면서 화장품에 대해 관심과 영업역량을 쌓을 수 있었습니다. 매일매일 아침부터 저녁까지 화장품의 종류와 특징을 보면서 고객님들에게 화장품 특징에 대해 설명해 주었습니다. 그렇다 보니 화장품의 성분과 장점 단점에 대해 자연스럽게 이해할 수 있었고, 고객들의 피부타입에 따른 화장품 추천도 잘 할 수 있었습니다. 다양한 화장품을 보며 특히 코스맥스의 이름에 주목하게 되었습니다. ② 코스맥스는 12월에 미국 화장품 제조기업인 누월드를 인수하면서 화장품 제조기업의 입지를 확고히 하게 되었습니다. 코스맥스는 국내 중저가 브랜드 제조개발생산업체로 중국과 글로벌 브랜드가지 수요처를 확대하고 있는 ③ 회사에서 저의 화장품 영업역량을 기여하고자 지원하게 되었습니다.

컨설턴트의 조언

1. 영업 직무를 제시하면서 아르바이트 경험을 설명하려고 한 부분은 잘 하셨습니다. 다만, 이러한 경험이 영업 직무에 어떻게 연관될 수 있는지 설명이 다소 부족합니다.

2. 회사에 대해 표면적인 내용인 것 같습니다. 전체적인 아르바이트 경험과 회사 내용의 연관성이 필요해 보입니다.

3. 어떠한 영업역량을 기여할 것인지 제시되지 않았습니다. 구체적인 역량을 제시하기 바랍니다.

• 실제 문항 질문

회사 및 해당직무에 지원하게 된 동기에 대해 구체적으로 기술해 주십시오.

〔특징을 잘 파악해서 판매하는 영업 전문가〕

① 뷰티에 관심을 바탕으로 ○○에서 일 하면서, 고객님들의 피부와 니즈 상태에 따라 제품을 설명을 능숙하게 하는 확신을 통해 영업직무에 지원하게 되었습니다. 이러한 모습은 그동안 일하면서 화장품을 사용하고 직접 체험해 보고 또 구체적인 성분내용을 파악하다 보니 역량을 쌓을 수 있었습니다. ② 특히 제가 일하는 곳에 ○○, ○○, ○○제품을 추천하면서 ○○의 ○○특징과 성분을 만드는 코스맥스에 대해 관심을 가지게 되었습니다. 코스맥스는 미국 화장품 제조사 ○○○ 인수하였고, 이를 바탕으로 생산설비와 마케팅 강화를 통한 미국 화장품 제조 시장우위를 차지하기 위해 노력하고 있습니다. 이러한 코스맥스에서 판매경험을 바탕으로 영업직에서 일하며, 코스맥스의 좋은 특징과 기술 고객들에 알리고 싶다는 결심을 하게 되었습니다. 저는 업무경험 뿐만 아니라 화장품 블로그를 운영하면서 고객들의 반응과 정보에 대한 수집을 지속적으로 유지해 왔습니다. ③ 코즈메틱 관련 온라인 정보과 트렌드에 대한 지속적인 탐구를 바탕으로 코스맥스의 제품에 대해 영업 판매 업무에 기여할 것입니다.

컨설턴트의 조언

1. 지원자의 아르바이트 경험과 직무의 연관점에 대해 잘 연결하였습니다.

2. 지원자의 경험을 토대로 지원회사의 내용도 잘 제시하였습니다.

3. 직무에 어떠한 역량을 기여하고 싶은지 명확하게 제시해 주셨습니다.

2. 지원동기 (3차)

• 실제 문항 질문

귀하가 보유한 강점(지식/기술/특기/사회성 등)을 활용하여 회사발전에 기여할 수 있는 점은 무엇입니까?

① 영업직무 수행을 위해 판매 전략에 필요한 마케팅과목을 수강하였습니다. ② 마케팅과목을 수강하면서 마케팅의 개념과 시장 세분화와 포지셔닝 마케팅 믹스를 배우면서 영업에 필요한 마케팅 이론을 습득하였습니다. 이러한 이론습득을 바탕으로 팀별로 마케팅 과제를 통해 ○○상품 브랜드 설정 과제를 수행하였습니다. 이를 수행하기 위해 제품의 시장조사와 고객의 니즈 발굴을 위해 설문지 조사를 하여 성공적으로 과제를 완료한 경험이 있습니다. 또한, 판매를 위해 편의점 아르바이트를 하며 영업 역량을 키워왔습니다. 판매활동을 하면서 고객들과 소통능력을 키울 수 있었고 판매되는 제품의 재고관리와 서비스마인드를 기를 수 있었습니다. ③ 이러한 경험을 통해 LG 전자가 국내 1위 전자제품 판매매출을 달성하기 위해 항상 발로 뛰는 영업 사원이 될 것입니다.

컨설턴트의 조언

1. 두괄식결론에서 왜 지원하고 싶은지 명확하게 이해하기 어렵습니다.

2. 마케팅 이론을 바탕으로 어떤 직무역량과 연관되는지 제시하기 바랍니다.

3. 왜 LG전자를 가고 싶은지 명확한 이유가 제시 되지 않았습니다.

• 실제 문항 질문

귀하가 보유한 강점(지식/기술/특기/사회성 등)을 활용하여 회사발전에 기여할 수 있는 점은 무엇입니까?

① LG전자가 국내 1위 전자제품 판매매출을 달성하기 위해 발로 뛰는 영업사원이 될 것입니다. LG전자베스트샵은 소비자들이 현금처럼 사용할 수 있는 멤버십 포인트를 제공하고, 고객 맞춤형 마케팅을 진행하며 고객들의 수요를 이끌고 있습니다. 특히 스마트홈 체험 존을 설치하여 다양한 사물인터넷 기기를 체험하며 고객들이 만족할 수 있는 제품을 구매할 수 있도록 하고 있습니다. 이러한 LG전자 베스트샵에서 저의 영업적 역량을 기여하여 매출향상을 달성시키겠습니다. ② 영업 직무를 수행하기 위해 판매 전략에 필요한 마케팅과목과 시장분석 과제를 통한 고객의 수요조사 능력을 배울 수 있었습니다. 또한, 편의점에서 직접 고객들을 만나 물건을 판매하면서 영업자로서 태도와 판매스킬을 기를 수 있었습니다. ③ LG전자 베스트샵 입사 후 고객들의 입장에서 필요한 니즈와 제품의 특징 설명을 통해 고객들이 만족하는 샵, 고객들이 좋아하는 매장이 되도록 노력할 것입니다.

컨설턴트의 조언

1. 지원회사의 내용을 구체적으로 넣은 것은 좋으나 나와의 연결성이 다소 부족합니다.

2. 배운 내용과 경험 내용이 어떻게 업무에 사용될 것인지 제시되었으면 좋겠습니다.

3. 다짐 내용 속 필요 니즈와 특징 설명을 잘 할 수 있다는 근거가 해당 자기소개서 내용에 부족합니다.

3. 지원동기 (2차)

• 실제 문항 질문

귀하가 보유한 강점(지식/기술/특기/사회성 등)을 활용하여 회사발전에 기여할 수 있는 점은 무엇입니까?

〔고객가치 중심의 영업업무를 통해 고객의 마음을 잡겠습니다.〕

① 고객의 가치 중심의 영업을 하기 위해 Sales 직무에 지원하게 되었습니다. ② 냉장고, 세탁기는 한 번 구입하면 보통 10년은 사용합니다. 그래서 이러한 제품들은 구입할 때 고객들이 제품의 기술, 내구성, AS를 신중하게 생각하며 구입을 선택합니다. 그렇기 때문에 고객들이 중요하게 생각하는 가치에 대한 영업 전략을 바탕으로 업무를 수행하는 인재가 되고 싶습니다. LG전자 영업직무의 성공적인 수행을 위해 저는 마케팅 지식과 실무 경험을 준비해 왔습니다.

③ 우선, 가치를 발견할 수 있는 이론적 지식을 공부했습니다.
마케팅 과목을 수강하며 고객가치 발굴에 대한 치밀한 분석 능력을 갖추기 위해 노력하였습니다. 시장분석 활동을 통해 상권, 환경, 고객, 자사 경쟁사 분석 결과에서 고객의 가치점을 발굴하여 설득할 수 있는 점에 연습하였습니다.

더불어, 고객에게 친절한 판매사원이 되기 위해 노력했습니다.
편의점에서 직접 고객들을 만나 물건을 판매하면서 영업자로서 태도와 판매스킬을 기를 수 있었습니다

④ LG 전자 입사 후, 제품 사용 경험과 특징을 공부하여 고객의 입장의 가치판매 전략을 수행할 수 있는 영업인이 될 것입니다.

> **컨설턴트의 조언**
>
> 1. 두괄식결론이 명확하게 무엇을 발휘하고 싶은지 잘 제시하였습니다.
>
> 2. 회사의 내용과 자신의 경험연결을 잘 작성하셨습니다.
>
> 3. 직무와 관련된 경험을 어떻게 배웠는지 구체적인 내용이 제시되어 있고 어떤 목표점에 사용 될 것인지 제시되어 있습니다.
>
> 4. 입사 후 포부 내용도 자기소개서 내용의 근거를 바탕으로 잘 마무리 하였습니다.

3. 지원동기 (3차)

• 실제 문항 질문

본인의 성장과정을 간략히 기술하되 현재의 자신에게 가장 큰 영향을 끼친 사건, 인물 등을 포함하여 기술하시기 바랍니다.

어린 시절부터 부모님이 사다주신 숫자 장난감을 가지고 놀면서 수에 대해 익숙해 질 수 있었습니다. 그러면서 계산기를 두들기며 덧셈과 뺄셈등을 하면서 사칙연산이 되는 모습에 더욱 흥미를 가질 수 있었고, 집에서 달력에 있는 숫자에 대해 가로 세로 배열된 것을 계산하면서 수의 계산력도 키울 수 있었습니다. 그러다 보니 숫자에 관해 늘 꼼꼼하게 확인하는 습관을 기를 수 있었고, 이는 학교에서 수학과목을 공부할 때 계산에 오차가 없도록 늘 확인하면서 수학과목을 공부할 수 있었습니다. 계산능력뿐만아니라 수학과목에서 체계적인 접근방식을 통해 문제를 해결하다보니 논리적인 사고능력도 기를 수 있었습니다. 이렇게 저는 자라오면서 숫자에 관한 꼼꼼하게 확인할 수 있는 과정과 논리적인 사고를 배울 수 있었습니다.

컨설턴트의 조언

전체적인 내용으로는 숫자와 관련된 경험을 나열하였다는 느낌이 강합니다. 다양하게 나열된 경험 중 한 가지를 구체적으로 작성해 주시는 것이 조금 더 설득력 있는 자기소개서 완성이 될 것 같습니다.

• 실제 문항 질문

본인의 성장과정을 간략히 기술하되 현재의 자신에게 가장 큰 영향을 끼친 사건, 인물 등을 포함하여 기술하시기 바랍니다.

① 어린 시절부터 숫자와 친숙하게 지내면서, 수에 대한 감각을 높일 수 있었습니다. 부모님이 사다 주신 숫자장난감이나 달력을 보면서 숫자의 사칙연산 등을 하면서 수에 대한 관심을 키울 수 있었습니다. 특히 학교에서 수학과목을 하면서 본격적으로 숫자와 관련된 능력을 발전시킬 수 있었습니다. 수학 문제를 풀때 꼼꼼하게 정확한 계산을 위해 검증과 확인과정을 거치며 문제를 풀고 바라볼 수 있는 시각을 길러 왔습니다. 또한, 단계 단계적으로 접근해야할 수학 문제를 풀면서 논리적인 사고의 흐름을 익힐 수 있었습니다. ② 이후 숫자와 관련된 회계 분야에 대해 알게 되었고, 회계 업무 수행에 필요한 원가회계이론이나 매출세액과 매입 세액 이론공부를 하게 되었습니다. 이론은 어렵지만 숫자를 하나하나 맞추고 계산이 맞아 떨어지는 것에 뿌듯함을 느낄 수 있었고, 회계직무 수행에 확신을 가질 수 있었습니다.

컨설턴트의 조언

1. 다양한 사례 중 학교를 중심으로 관련 사례를 잘 작성하였습니다.

2. 회계업무 분야를 알게 되었던 내용의 연결이 다소 어색합니다. 자연스러운 연결점이 되도록 작성하시면 좋겠습니다.

1. 성장과정 (2차)

1. 성장과정 (3차)

• 실제 문항 질문

본인의 성장과정을 간략히 기술하되 현재의 자신에게 가장 큰 영향을 끼친 사건, 인물 등을 포함하여 기술하시기 바랍니다.

〔숫자를 좋아하던 아이, 회계에 관심을 가지다.〕

① 어릴 시절부터 숫자를 좋아했습니다. 특히 학교에서 수학과목을 하면서 본격적으로 숫자와 관련된 능력을 발전시킬 수 있었습니다. 수학 문제를 풀더라도 꼼꼼하게 정확한 계산을 위해 검증과 확인과정을 거치며 문제를 풀고 바라볼 수 있는 시각을 길러 왔습니다. 또한, 단계 단계적으로 접근해야할 수학 문제를 풀면서 논리적인 사고의 흐름을 익힐 수 있었습니다. ② 진로를 결정할 때 숫자를 활용할 수 있는 직업과 잘 어울릴 수 있다는 생각을 하게 되었습니다. 여러 직업을 탐색하면서 그 중에 회계 분야를 발견하게 되었고, 회계 업무 수행에 필요한 원가회계이론이나 매출세액과 매입 세액 이론공부를 하게 되었습니다. 이론은 어렵지만 숫자를 하나하나 맞추고 계산이 맞아떨어지는 것에 뿌듯함을 느낄 수 있었고, 회계직무 수행에 확신을 가질 수 있었습니다.

컨설턴트의 조언

1. 성장과정의 사례를 학교 중심으로 구체적으로 내용을 잘 작성해 주셨습니다.

2. 왜 회계직무를 알게 되었고, 지원하게 되었는지 자연스럽게 연결하여 표현해 주셨습니다.

• 실제 문항 질문

본인의 성장과정에서 가장 기억에 남는 경험은 무엇이었나요? 그 이유와 과정 속에서 본인이 했던 행동과 생각, 이를 통해 느끼고 배운 점을 구체적으로 기술하세요.

① 어릴 때부터 여러 가지 배우는 것에 즐겨하였습니다. 무엇인가 새롭게 배우고 공부하는 것에 대해 즐거움을 느낄 수 있었습니다. 대학교에서 와서도 학과 공부뿐만 아니라 다양한 학과공부를 즐겨왔습니다. 경영, 철학, IT 등 전공과 관계없이 늘 학습하고 공부하였습니다. 경영학과 공부를 하며 경영자로서 상황을 종합적으로 분석하고 판단하며 전략적 대안을 제시할 수 있는 내용을 배울 수 있었고, 마케팅커뮤니케이션에서는 광고 전략이나 판촉 전략등을 수립하고 실행하는데 필요한 이론을 학습하고 공부하며 경영에서 배우고 싶은 학과 공부를 할 수 있었습니다. 그러다 보니 판매에 대해 관심도 가질 수 있어서 동아리에서 커피아르바이트 경험도 할 수 있었습니다. ② 이렇게 새롭게 배우고 발전하기 좋아하는 저는 ○○회사에서 영업 직무를 수행하면서도 늘 자기계발을 챙기며 발전하는 사원이 되겠습니다.

컨설턴트의 조언

1. 다양한 사례를 나열하였습니다. 한가지의 경험을 구체적으로 작성해 주시면 좋겠습니다.

2. 마지막 다짐 내용이 자기개발 내용으로 급하게 마무리 된 것 같습니다. 좀 더 구체적인 다짐 내용으로 작성하시기 바랍니다.

• 실제 문항 질문

본인의 성장과정에서 가장 기억에 남는 경험은 무엇이었나요? 그 이유와 과정 속에서 본인이 했던 행동과 생각, 이를 통해 느끼고 배운 점을 구체적으로 기술하시오.

어릴 때부터 여러 가지 배우는 것에 대해 즐겼습니다. 무언가 새롭게 배우고 성장하는데 성취감을 느낄 수 있었기 때문입니다. ① 여러 가지 배운 내용 중 영업과 관련된 경험으로는 마케팅 수업과 커피판매 경험이 있습니다. 마케팅 과목에서는 마케팅커뮤니케이션에서 광고 전략이나 판촉 전략에 도움이 되는 이론과 사례를 배울 수 있었고, 과제 수업을 통해 브랜드전략을 직접 수행하였습니다. 고객 니즈의 중요성을 바탕으로 동아리 커피판매에서 학생들의 입맛에 맞춘 커피판매를 통해 높은 수익금도 벌 수 있었습니다. ② 이러한 경험을 바탕으로 ○○회사 영업직에서 이론과 실무적용을 통한 매출상승에 기여하겠습니다.

컨설턴트의 조언

1. 영업 직무에 관련된 사례로서 내용을 정리한 부분은 잘 하셨습니다. 다만 공부와 경험 두 가지 사례 중 공부보단 직접적인 경험 내용이 더 좋은 소재가 될 것 같습니다.

5. 다짐 내용이 다소 추상적입니다. 좀 더 구체적이고 적극적인 다짐으로 수정하시기 바랍니다.

2. 성장과정 (2차)

• 실제 문항 질문

본인의 성장과정에서 가장 기억에 남는 경험은 무엇이었나요? 그 이유와 과정 속에서 본인이 했던 행동과 생각, 이를 통해 느끼고 배운 점을 구체적으로 기술하시오.

〔다양한 배움 속, 판매역량을 발견한다〕

대학시절 늘 새로운 것을 배우기를 즐겨하였습니다. 경제, 철학 IT 등 전공과 관련 없이 폭넓은 경험을 하기 위해 학습하였습니다. ① 그러한 호기심의 계기로 판매경험을 하게 되었습니다. ② 대학교 시절 커피 동아리에 들어가 커피 판매를 담당하게 되었습니다. 커피를 잘 판매하기 위해 우선 커피의 종류와 재료에 대한 이해가 필요했습니다. 다양한 원두와 로스팅 방법을 익혔고, 프랜차이즈에서 판매되는 커피의 맛을 즐겼습니다. 그래서 학생들의 입맛에 맞는 원두선택과 시럽 양을 조절하여 판매하는 전략을 세웠습니다. 그 결과 학생들이 판매하는 날에는 동아리 앞에서 줄을 서서 기다릴 정도로 판매인기가 높았습니다. ③ 이러한 경험을 통해 영업직에 대한 확신을 가질 수 있었고, ○○○회사 제품의 대해 학습하고 판매함으로 수익에 기여할 수 있도록 노력하는 사원이 될 것입니다.

컨설턴트의 조언

1. 구체적인 사례를 한가지로 결정하여 잘 작성하셨습니다.

2. 직무와 관련된 내용을 성장과정 속 사례로서 잘 드러내신 것 같습니다.

3. 마지막 다짐 내용도 구체적으로 어떤 방법으로 기여할 수 있도록 노력할 것인지 잘 표현해 주셨습니다.

• 실제 문항 질문

성장과정에 대해 작성하세요.

① 어린 시절부터 늘 부모님이 봉사활동 단체에서 어려운 사람들을 도와주는 모습을 통해 저 또한 봉사정신을 기를 수 있었습니다. ② 어머니와 함께 주변 봉사기관에 가서 불우한 사람들을 위한 활동을 하였습니다. 그런 정신을 이어 받아 학교에 들어가서도 항상 친구들이 싫어하는 청소나 분리수거도 자청하여 학습의 청결한 분위기를 만들기 위해 노력하였고, 어렵고 힘든 친구들에 대해 늘 관심과 애정을 기울이며 생활 하였습니다. 이런 봉사 정신을 가지고 대학교에서는 봉사동아리 회장을 맡음으로서 좀 더 주도적인 봉사활동을 할 수 있었습니다. 한때는 ○○기관에서 봉사활동 시절 한 할머니와 지속적인 유대관계를 맺으면 1년 동안 관계를 지속하였고, ③ 크리스마스 때는 선물도 사다 드리며 꾸준히 봉사정신을 이어가기 위해 노력하였습니다.

컨설턴트의 조언

1. 봉사활동에 관련 경험 나열식 작성입니다. 한 가지의 내용을 구체적으로 좁혀서 작성해 주시기 바랍니다.

2. 해당 내용이 왜 직무에 필요한지 언급이 부족합니다. 직무에 연관된 이유를 작성해 주시기 바랍니다.

3. 마지막 마무리가 다소 아쉽습니다. 이러한 봉사 정신을 바탕으로 기여할 점 또는 느낀점으로 마무리 부분을 완성하시기 바랍니다.

3. 성장과정 (1차)

• 실제 문항 질문

성장과정에 대해 작성하세요.

① 부모님이 어릴 때부터 늘 봉사단체에서 어려운 사람들을 돕는 모습을 보면서, 자연스럽게 어릴 때부터 어려운 사람들을 도와주어야 한다는 마음을 기를 수 있었습니다. 그때부터 봉사활동기관에서 활동을 하며 불운한 사람들을 위해 음식을 나누어주거나, 불편한 몸의 거동을 도와드리곤 하였습니다. ② 대학교에 들어와 ○○봉사동아리 생활 속에도 다양한 봉사단체에서 활동을 하였습니다. 동아리 팀원들과 봉사활동을 하면서 서로 어려운 점은 도와주고 협력하면서 다양한 봉사활동을 이어갈 수 있었습니다. ③ 이러한 봉사정신을 바탕으로 ○○회사에도 구성원들과 어려운 일이 있을 때 서로 도와가며 업무를 수행하는 사원이 되겠습니다.

컨설턴트의 조언

1. 중심 사례설정은 잘 되어있으나 서두의 내용이 다소 많은 것 같습니다. 간략하게 정리해 주시기 바랍니다.

2. 대학교 사례는 좋습니다. 다만 조직 안에서 사례는 개인적인 경험내용보단 조직 속에서 조직구성원에게 기여했던 내용이 좀 더 조직적합성에 좋은 평가를 받을 수 있을 것 같습니다.

3. 마지막 다짐 내용도 나쁘지는 않지만, 단순히 구성원들의 어려운 일을 돕겠다는 다짐은 다소 적극적인 다짐 내용으로는 부족한 것 같습니다.

• **실제 문항 질문**

성장과정에 대해 작성하세요.

〔베푸는 정신, 협력에 기여하다.〕

① 부보님께 베푸는 정신에 대해 영향을 많이 받고 자라왔습니다. 어머니는 항상 어려운 사람뿐만 아니라 주위에 친구들도 어려운 점이 있으면 너의 능력을 베풀어라 라는 말씀을 많이 하셨습니다. 이 같은 가르침은 ② 제가 늘 팀원들과 협력하는 정신을 만들게 해주었습니다. 팀 프로젝트나 과제를 수행할 때도 상대방이 어려운 점이 없는지 늘 살피면서 팀원들과 과제를 수행할 수 있도록 하였고, 그러다 보니 자연스럽게 친구들의 도움도 많이 받게 되었습니다. 항상 베푸는 것이 꼭 나의 희생이기 보다, 내가 어려울 때 상대방의 도움을 받을 수 있는 기회를 만들어 준다고 생각하게 되었습니다. ③ 입사 후에도 항상 주변 동료들과 선배님들의 업무에 적극 참여하고 도와 팀의 공동 목표를 달성하는 모습을 보여드리겠습니다.

컨설턴트의 조언

1. 두괄식 결론으로 주장하고 싶은 점과 이유를 잘 설명하셨습니다.

2. 봉사 동아리에서 개인적인 수행 내용보단 팀 위주 내용으로 잘 작성해 주셨습니다.

3. 다짐내용도 팀의 공동의 목표달성에 기여한다는 내용으로 잘 작성해 주셨습니다.

1. 성격의 장점 (1차)

• 실제 문항 질문

성격의 장점에 대해 작성하세요.

저는 무엇이든지 숫자를 활용하는 성격의 장점이 있습니다. ① 어떤 활동이나 학습을 해야 할 때도 수치화 하여 계획을 세우고 단계를 나누는 성격을 가지고 있습니다. ② 수치를 활용하다 보니 저만의 기준점이 만들어 지고, 목표와 수행과정도 철저하게 만들 수 있는 장점이 있습니다. 항상 숫자를 활용하면 논리적으로 체계적인 접근이 가능하기 때문에 저의 이러한 장점은 업무를 수행하는데 있어 완성도를 더욱 더 높일 수 있다고 생각합니다.

컨설턴트의 조언

우선 250자 분량으로 보자면 잘 작성된 내용이라고 생각합니다. 다만 좀 더 구체적인 내용을 작성하기 위한 방법에 대해 알아보겠습니다.

1. 관련 사례가 구체적이지 않습니다. 구체적인 사례를 제시하였으면 좋겠습니다.

2. 해당 장점이 직무에 어떤 연관점이 있는지 드러내주셨으면 좋겠습니다.

• 실제 문항 질문

성격의 장점에 대해 작성하세요.

① 저는 무엇이든지 수치화 하여 수행하는 성격을 가지고 있습니다. ② 예를 들어 학교 마케팅 과제를 수행할 때도 이론적으로 접근해서 새로운 브랜드나 시장조사를 하려고 할 때 저는 남들과 달리 이론적인 내용도 통계적으로 활용하기 위해 엑셀의 카운터를 활용하며 숫자를 활용하였습니다. ② 학교 시험에도 시험의 준비와 난이도에 따라 등급을 매겨 먼저 할 것과 나중할 것을 분리하여 접근하였습니다. 항상 숫자를 활용하면 정확한 값을 예측할 수 있고 활용할 수 있습니다. 저의 이러한 장점은 업무를 수행하는데 있어 완성도를 더욱 더 높일 수 있다고 생각합니다.

컨설턴트의 조언

1. 왜 해당 성격의 장점이 직무와 연관되는지 제시 후 사례를 표현해 주시는 것이 좀 더 논리적인 접근 방법입니다.

2. 두 가지의 사례보단 한 가지의 사례를 구체적으로 작성해 주시기 바랍니다.

1. 성격의 장점 (2차)

• 실제 문항 질문

성격의 장점에 대해 작성하세요.

〔숫자를 활용한 분석기법으로, 마케팅 프로젝트 4.5 만점 달성〕

저는 무엇이든지 수치화 하여 수행하는 성격을 가지고 있습니다. ① 제가 지원한 ○○직무에서 수치화 능력은 다양한 판매 매출과의 관계를 통해 앞으로의 판매 전략 수립에 중요하다고 생각합니다. ② 학교 마케팅 프로젝트를 수행할 때도 다른 팀원들은 정보에 대한 의미와 해석 위주로 진행할 때, 저는 공통적인 키워드에 해당하는 정보를 추출하여 엑셀로 카운팅작업을 하여 정보 데이터 자료를 구축하였습니다. 수치화된 자료를 바탕으로 마케팅 프로젝트 주제의 방향을 수립하기로 결정하게 되어 진행되었습니다. 수치적인 자료를 컨셉으로 하다 보니 뒷받침 되는 근거 자료 또한 수치적으로 나타낼 수 있는 부분을 선택하여 사용할 수 있게 되는 효과를 가지고 왔습니다. 그 결과 데이터를 활용한 마케팅 프로젝트에 높은 점수를 받을 수 있었고 수업 성적도 A+를 받을 수 있었습니다. 항상 숫자를 활용하면 정확한 값을 예측할 수 있고 활용할 수 있습니다. ③ 항상 숫자를 활용하면 정확한 값을 예측할 수 있고 활용할 수 있습니다. 저의 이러한 장점은 업무를 수행하는데 있어 완성도를 더욱 더 높일 수 있다고 생각합니다.

컨설턴트의 조언

1. 지원직무에 왜 해당 장점이 필요로 하는지 연관점을 잘 작성해 주셨습니다.

2. 한가지의 사례를 구체적으로 잘 작성해 주셨습니다.

3. 장점을 바탕으로 어떠한 역량을 기여할 것인지 명확하게 제시해 주셨습니다.

1. 성격의 장점 (3차)

• 실제 문항 질문

성격의 단점에 대해 작성하세요.

저의 단점은 호기심이 많다는 것입니다. ① 시험공부를 할 때도 호기심이 많다보니 핵심내용 보단 세부적인 내용에 더 관심을 가지고 공부를 하게 됩니다. 그러다 보니 시험 성적은 좋지 않아 늘 고민이었습니다. ② 이러한 단점을 개선하기 위해 집중력이나 핵심을 파악하는 내용의 도서를 읽으면서 호기심을 줄이기 위해 노력하고 있습니다.

컨설턴트의 조언

1. 단점으로 인해 힘들었던 상황 묘사가 다소 긴 것 같습니다. 간략하게 제시 되었으면 좋겠습니다.

2. 단점항목은 구체적인 개선 과정을 보여주어야 합니다. 어떠한 방법으로 해당 단점을 극복하고 있는지 개선점을 제시해주셔야 합니다.

• 실제 문항 질문

성격의 단점에 대해 작성하세요.

호기심이 많은 것이 단점이라고 생각합니다. ① 시험공부를 할 때도 과목의 세부적인 내용이나 모르는 것이 있으면 꼭 확인하고 찾아보고 공부를 합니다. 그렇다 보니 세부적인 주제에 대해 면밀히 파악하고 이해할 수 있었지만. 한 과목의 공부를 끝내기 위해 많은 시간이 필요한 것 같아 문제가 되었습니다. ② 이러한 단점에 대해 저는 오히려 장점이라고 생각합니다. ③ 이유는 다양한 접근과 문제해결방법을 찾을 수 있는 점으로 활용할 수 있다고 생각합니다.

컨설턴트의 조언

1. 단점으로 인한 어려움의 내용이 다소 긴 편입니다. 좀 더 명확한 내용으로 줄이면 좋겠습니다.

2. 마지막에 단점을 장점으로 표현하기 보단. 단점에 대해 어떻게 극복하고 있는지 개선방향을 제시하였으면 좋겠습니다.

3. 단점 같은 장점으로 내용을 설명하기 보단, 단점에 대한 인정과 개선의지 노력을 보여주시는 것이 더 좋은 인상을 줄 수 있습니다.

2. 성격의 단점 (2차)

• 실제 문항 질문

성격의 단점에 대해 작성하세요.

〔많은 관심보단, 본질을 보기 위한 노력〕

① 저는 호기심이 많다보니 모르는 것이 있다면 다양하게 살펴보는 것을 좋아합니다. 그렇다보니 업무의 실행 추진이 조금씩 느려지고, 완성도도 떨어졌습니다. ② 이를 개선하고자 우선 주어진 일에 핵심이 되는 것이 무엇인지 분명하게 설정하고 일을 추진하기로 결심하였습니다. 팀 과제를 수행할 때도 팀의 결과물에 초점을 맞추어 일을 진행하고, 시험공부를 할 때도 시험공부에 나올 수 있는 주제만 살펴보며 공부를 하게 되었습니다. 그 결과 완성도와 수행속도도 빨라지게 될 수 있었습니다. ③ 폭넓은 관심과 관점도 중요하지만, 핵심을 찾아 일의 수행속도와 완성도를 추구하도록 지속적으로 개선할 것입니다.

컨설턴트의 조언

1. 단점으로 인해 어떤점이 불편한지 짧고 명확하게 제시하였습니다.

2. 단점을 개선하기 위한 노력을 구체적으로 잘 제시하였습니다.

3. 이러한 단점을 지속적으로 잘 개선하고 있다는 모습으로 마무리를 잘 작성해 주셨습니다.

2. 성격의 단점 (3차)

• 실제 문항 질문

성격의 장단점에 대해 작성하세요.

① 저의 성격의 장점은 사람들과 친화력 있게 잘 지낼 수 있다는 점입니다. 처음 보는 사람이라도 저는 두려워하지 않고 이야기를 나누며 소통할 수 있습니다. 그러다 보니 저는 주위에 항상 친구가 많습니다. ② 친구를 만나지 못할 때는 SNS을 통해서 지속적으로 이야기 나누며 서로의 관심사에 대해 공유하면서 지낼 수 있습니다. 다른 친구들보다 서로 이야기에 대해 기억하는 것도 많다보니 친구들을 만나면 이전에 나누었던 주제를 바탕으로 이야기를 풀어갈 수 있습니다. 이러한 저의 성격의 장점으로 ○○회사에서도 친화력 있게 회사문화에 잘 적응할 것입니다.

③ 저의 단점은 감정적인 절제를 하지 못하고 가끔씩 욱할 때가 있습니다. 평소에는 감정적인 절제를 잘 하는 편인데, 한 번씩 화가 나면 욱할 때가 있습니다. 아마도 평소에 감정적인 스트레스를 잘 해결하지 못하기 때문입니다. 이러한 점이 단점이라고 생각하고 욱하는 감정을 절제하기 위해 노력할 것입니다.

컨설턴트의 조언

1. 왜 해당 장점이 직무에 연관될 수 있는지 제시되었으면 좋겠습니다.

2. 관련사례가 다소 평범한 내용으로 구성되어 있습니다. 차별화된 사례를 제시해 주시기 바랍니다.

3. 단점의 소재가 다소 회사생활에 영향을 줄 수 있는 단점을 제시하였습니다. 다른 단점으로 변경하여 작성해 주시기 바랍니다.

3. 성격의 장단점 (1차)

• 실제 문항 질문

성격의 장단점에 대해 작성하세요.

① 저의 성격의 장점은 사람들과 친화력 있는 소통을 잘한다는 것입니다. 특히 다른 사람들의 말을 잘 들어주고 기억하는 편입니다. 학교에서도 늘 친구들과 대화할 기회가 있으면, ② 친구들의 세세한 내용들에 대해 기억하고 다음에 만날 때 꼭한 번 잊지 않고 이야기해줍니다. 그렇다 보니 친구들은 저를 보며 대화의 여왕이라고 말하곤 합니다. 이러한 습관 때문에 처음 보는 사람들과의 관계에 있어서도 상대방의 이야기를 잘 듣고 관심주제에 대해 이야기하다보면 금세 친해질 수 있는 장점이 있습니다. 이러한 경험을 바탕으로 ○○회사에서도 모르는 사람 없을 정도로 친화력 있는 회사생활을 하겠습니다.

③ 저의 단점은 감정적인 절제가 되지 않아 가끔씩 욱할 때가 있습니다. 한 번씩 너무 화가 나면 좀처럼 흥분을 가라앉히기 어려웠습니다. 하지만 평소에는 전혀 그렇지 않습니다. 평소에 감정적인 문제를 해결하지 않고, 문제가 쌓이고 쌓이다 보니 한 번씩 흥분하는데 있어 단점이라고 생각합니다. 이를 극복하기 위해 명상이나 걷기를 통해 감정 절제를 하기 위해 노력하고 있습니다.

> **컨설턴트의 조언**
>
> 1. 해당하는 장점이 왜 직무와 연관되는지 설명이 다소 빈약합니다.
>
> 2 구체적인 내용으로 접근하려고 하였으나, 아직도 다소 개인적인 사례, 일상적인 사람들도 경험할 수 있는 사례인 것 같습니다.
>
> 3. 단점 내용에 대해 설명하기 보단 표현자체를 변경하는 것이 더 좋을 것 같습니다.

• 실제 문항 질문

성격의 장단점에 대해 작성하세요.

장점 : 어떤 의견이든 소중하게 듣는 귀

① 저는 사람들의 의견을 소중하게 생각하며 듣는 것이 장점입니다. 다양한 동아리 활동을 통해 하나의 의견이라도 흘려듣지 않고 생각하는 것이 팀의 원활한 관계유지에 도움이 된다고 생각합니다. ② ○○동아리 회장 생활에서도 팀원들의 소중한 의견을 듣고 반영하기 위해 노력하였습니다. 한번은 팀 회의 도중 다수결로 의견을 수렴하여 동아리의 행사 방향을 결정해야 하는 일이 있었습니다. 그렇다 보니 다른 팀원의 소중한 의견을 적극적으로 생각해 보지 못한 경우가 발생되었고, 선택되지 않는 팀원의 활동이 저조해져 갔습니다. 이를 해결하고자 저는 큰 방향에서 팀원들에 소소한 의견을 반영할 수 있도록 참여의 기회를 높였습니다. 이러한 저의 장점은 조직생활에서도 소중한 의견, 고객들의 소중한 소리를 듣고 반영하는데 있어 큰 도움이 될 것이라 확신합니다.

단점 : 감정적인 절제 스트레스를 운동으로 해결

③ 평소 감정적인 표현을 하지 않아 스트레스가 쌓이곤 합니다. 이는 평소에 갈등 없는 인간 관계있어 도움이 되지만, 혼자 감정이 쌓이면 스트레스가 발생하였습니다. ④ 이를 해소하고자 적극적으로 해결 방법을 찾아보았고, 책에서 운동을 하면 감정의 에너지를 해소 할 수 있다는 내용을 발견하고 곧 바로 운동장을 뛰기, 산책, 자전거 타기를 실천하였습니다. 운동을 하고 땀을 흘리다 보면 감정에 쌓인 것들이 하나 둘씩 풀리고 가슴이 시원하였습니다. ⑤ 이를 좀 더 개선하기 위해 좀 더 적극적으로 나의 마음의 상태에 대해서도 표현하고 운동을 통한 마음정화를 통해 개선할 수 있도록 노력하겠습니다.

컨설턴트의 조언

1. 지원직무와 해당 장점을 잘 연관지어 주셨습니다.

2. 개인적으로 접할 수 있는 내용을 동아리 속 내용으로 구체적인 사례를 제시하였습니다.

3 단점에 대해 다소 순화적인 내용으로 잘 수정해 주셨습니다.

4. 단점에 대해 어떻게 극복할 것인지 구체적인 방법을 잘 제시하였습니다.

5. 단점을 바탕으로 앞으로 어떻게 노력, 개선할 것인지 구체적인 다짐으로 잘 마무리하였습니다.

• 실제 문항 질문

입사 후 포부에 대해 작성하세요.

① ○○회사가 고객들에게 가장 신뢰받고 믿음을 주고 발전하는데 역량을 기여할 것입니다. ② ○○회사는 세계적인 수준의 기술력과 생산시설을 바탕으로 다양한 제약제품을 판매하고 있습니다. ○○회사의 제품판매율 1위라는 목표를 바탕으로 영업직 업무를 수행할 것입니다. 저는 판매아르바이트 경험뿐만 아니라 제약제품을 이해하기 위해 제약에 관련된 도서를 통한 지식을 습득하였습니다. ③ 저의 판매 경험과 제약지식을 바탕으로 ○○회사 제품 판매율 1위를 달성하겠습니다.

컨설턴트의 조언

1. 입사 후 포부의 주장점이 추상적입니다. 좀 더 구체적인 목표점을 제시해 주시기 바랍니다.

2. 입사 후 포부에 대해 지원회사에 어떤점이 기여될 수 있는지 연관지어 작성해 주시면 좋겠습니다.

3. 입사 후 포부에 대해 구체적인 계획점이 드러나 있지 않습니다. 구체적인 계획에 대해 작성하시기 바랍니다.

1. 입사 후 포부 (1차)

1. 입사 후 포부 (2차)

• 실제 문항 질문

입사 후 포부에 대해 작성하세요.

① 고객들의 니즈를 가장 잘 파악하는 영업전문가가 되고 싶습니다. 현재 변화와 새로운 진입자들의 등장 등 변화하는 환경 속에 유기적으로 대응하기 위해 고객들의 소리가 더욱더 중요하다고 생각합니다. 특히 앞으로 고객들은 각종 데이터에 접근하여 자신의 필요한 약과 건강관리를 할 수 있기 때문에 소비자들의 니즈 파악은 필요가 아니라 필수라고 생각합니다. ② 매주 거래 약국을 확인하면서 소비자들이 필요한 제약제품과 요구사항이 무엇인지 꼼꼼하게 파악하여 보고할 것입니다. 이를 통해 ○○회사가 고객들에게 가장 신뢰받고 믿을 울 줄 수 있는 제약회사로 발전되기 위해 노력할 것입니다. 또한 신입사원으로서 선배님들에게 많이 배워 회사 적응을 빠르게 하기 위해 노력할 것입니다.

컨설턴트의 조언

1. 입사 후 포부에 대한 주장점은 잘 제시하였습니다. 관련된 이유에 대해 다소 길게 작성한 것 같습니다.

2. 구체적인 계획에 대해 다소 내용이 부족합니다. 입사 후 포부를 달성하기 위한 세부적인 계획이 작성되었으면 좋겠습니다.

1. 입사 후 포부 (2차)

• 실제 문항 질문

입사 후 포부에 대해 작성하세요.

〔고객과 회사의 영업 소통창구〕

저는 고객과 회사의 의견을 연결시키는 소통창구 자가 되는 것이 목표입니다.
① 제약산업 특징상 약국에서 소비자들과 약사들의 의견을 회사에 전달하고, 회사는 고객의 니즈에 맞는 제품을 판매하는 것이 중요하다고 생각합니다. 이를 통해 고객에게 가장 신뢰받고 믿음을 줄 수 있다면, 자연스럽게 회사 수익도 높아 질 것입니다.

② 신입사원으로서 선배들의 업무 방식과 의견공유를 통해 현재 회사에 이슈가 되고 있는 부분, 고객의 유형과 니즈사항에 대해 빠르게 습득하며 선배님들의 업무를 보조하도록 하겠습니다.

② 그리고 현장에서 나오는 메시지, 인터넷의 블로그의 트렌드 등 다양한 네트워크 채널을 통한 고객의 의견을 듣기 위해 노력할 것입니다. 이러한 데이터를 활용하여 다양한 판매 전략을 세울 수 있는 영업인이 될 것입니다.

③ 이러한 계획을 바탕으로 고객들의 불만요소, 회사의 전략방향들을 세밀하게 조율하여 판매극대화를 위한 방안에 대해 팀원들과 고민하고, 고객들에게 다가가는 영업인이 되도록 노력할 것입니다.

컨설턴트의 조언

1. 입사 후 포부가 왜 회사에 기여될 수 있는지 간추려서 잘 설명하였습니다.

2. 입사 후 포부를 달성하기 위한 세부적인 계획과 구체적인 내용에 대해 잘 작성하셨습니다.

3. 마지막 정리내용에도 관련 계획을 바탕으로 어떻게 업무를 수행할 것인지 잘 표현해 주셨습니다.

• 실제 문항 질문

입사 후 10년 동안의 회사생활 시나리오와 그것을 추구하는 이유를 기술해 주세요.

① 온라인 MD 전문가가 되기 위해 노력할 것입니다. ② 온라인MD는 온라인유통에 필요한 담당 카테고리를 전반적으로 기획 관리하며 최대의 매출효과를 증대시키는 일을 수행합니다. 신규 상품 기획부터 거래처 관리, 매출관리를 주도적으로 할 것입니다. 이를 수행하기 위해 회사 전반의 업무프로세스 이해와 선배님들의 도움을 바탕으로 업무를 하나씩 배울 것입니다. 이를 토대로 신규 제품발굴과 기획 및 거래처 담당자들과 유기적인 소통을 통해 ○○사이트에서 고객들에게 가치를 전달하는 온라인MD 전문가로 성장할 것입니다.

컨설턴트의 조언

전체적인 내용을 보자면 입사 후 포부로는 무난한 글을 작성하였습니다. 다만 입사 후 포부점이 누구나 작성할 수 있는 내용이며, 관련 계획도 차별성이 조금 부족해 보입니다.
좀 더 구체적인 내용을 작성하기 위한 방법에 대해 알아봅시다.

1. 입사 후 포부점이 다소 추상적입니다. 좀 더 세부적인 포부를 작성해 보시기 바랍니다.

2. 입사 후 포부가 왜 회사에 기여할 수 있는지 제시되었으면 좋겠습니다.

2. 입사 후 포부 (1차)

• 실제 문항 질문

입사 후 10년 동안의 회사생활 시나리오와 그것을 추구하는 이유를 기술해 주세요.

① 온라인 마켓 1위를 달성하기 위한 온라인 MD 전문가가 될 것입니다. 온라인 MD는 고객의 소리부터 상품의 배송까지 모든 것을 다 알아야 하기 때문에 처음 입사해서는 온라인 MD의 업무를 파악하기 위해 노력할 것입니다. ② 특히 고객의 소리함에 우리가 등록한 제품의 불만사항과 니즈가 무엇이 있는지 좀 더 연구하여 반영하도록 할 것입니다. 또한 새로운 신상품 등록을 위해 타 경쟁사 사이트를 분석 및 평가하여 좋은 상품을 발굴하기 위해 노력할 것입니다. 이에 그치지 않고 직접 오프라인 조사를 통해 입점 시킬 상품을 위해 시장조사를 철저하게 할 것입니다. 전문적인 역량을 쌓기 위해 SNS 마케팅이나 유통관리사 자격증 취득을 통해 전문가가 되기 위한 노력을 지속 할 것입니다.

컨설턴트의 조언

1. 입사 후 포부 점에 대해 좀 더 세부적인 목표를 제시한 부분을 잘 하셨습니다. 다만, 이러한 목표점이 회사와 어떤 연관성을 가질 수 있는지 작성자의 의도를 제시해 주셨으면 좋겠습니다.

2. 입사 후 포부에 해당하는 계획을 잘 작성하셨으나, 관련 목표를 이루기 위한 계획으로 연관성이 다소 떨어져 보입니다. 목표를 달성하기 위한 세부적인 계획점이 제시되었으면 좋겠습니다.

2. 입사 후 포부 (2차)

• 실제 문항 질문

입사 후 10년 동안의 회사생활 시나리오와 그것을 추구하는 이유를 기술해주세요.

〔고객에게 믿을 수 있는 상품을 추천하는 MD〕

① 상품의 특징적 모습과 판매 후기를 통해 고객들이 믿고 구입할 수 있도록 하는 MD가 될 것입니다. ② 현재 ○○회사는 타 판매 사이트에 비해 이미지와 후기 부분을 개선하면 고객들에게 신뢰할 수 있는 사이트가 완성된다고 생각합니다. 이를 위해 ③ 첫째, 상품 이미지 등록을 할 경우 제품의 특징적 모습과 판매 컨셉에 따른 배치를 할 것입니다. 상품의 로고나 세부요소들도 꼼꼼하게 챙겨 고객들이 한 번에 알아보기 쉽게 등록할 것입니다.
③ 둘째, 판매 후기 부분은 고객들의 포인트나 쿠폰 유도를 통해 소비자들이 적극적로 작성할 수 있도록 유도할 것입니다. 많은 후기는 곧 새로운 고객들에게 신뢰와 믿음을 줌으로써 판매구입에 결정적으로 영향을 미칠 것입니다. ③ 마지막으로 타 경쟁 사이트를 매일 방문하여 가격 전략, 이벤트 기회, 신규 물건 등의 발굴하여 실시간으로 대비할 수 있도록 할 것입니다. 이러한 노력을 통해 ○○회사의 온라인MD로서 고객들에게 믿고 신뢰할 수 있는 사이트! 상품을 전달하는 인재가 될 것입니다.

컨설턴트의 조언

1. 세부적인 입사 후 포부 점을 잘 제시하였습니다.

2. 자신의 입사 후 포부점이 왜 지원회사와 연관이 있는지 설득력 있게 제시하였습니다.

3. 입사 후 포부를 달성하기 위한 세부적인 계획을 잘 작성하셨습니다.

3. 입사 후 포부 (1차)

• 실제 문항 질문

당신이 이루고 싶은 꿈은 무엇입니까?

① 토목설계 전문가가 되기 위해 노력할 것입니다. ② 토목설계에서 요구되는 구조물을 설치하기 위한 터파기 양, 콘크리트양, 철근 량에 대한 수량산출을 수행할 것입니다. 요즘은 설계프로그램에서 각종 수치만 입력하면 자동으로 결과 값이 도출되지만, 평소 설계에 필요한 지식을 바탕으로 프로그램 사용법에 대해 이해를 빠르게 하며, 잘못된 값에 대해서는 실제로 계산해봄으로써 꼼꼼하게 설계업무를 수행하겠습니다. 또한 토목설계업무에 필요한 도면, 수량, 내역 확인을 철저하게 하여 설계에 잘못된 점은 없는지, 설계로 인해 주문물량에 오차는 없는 늘 살피는 인재가 될 것입니다.

컨설턴트의 조언

전체적인 내용을 보자면 입사 후 포부로는 무난한 글을 작성하였습니다. 다만 입사 후 포부점이 누구나 작성할 수 있는 내용이며, 관련 계획도 차별성이 조금 부족해 보입니다.
좀 더 구체적인 방법에 대해 알아보도록 하겠습니다.

1. 입사 후 포부점이 다소 추상적입니다. 구체적인 입사 후 포부 점을 제시하였으면 좋겠습니다.

2. 입사 후 포부 점에 대해 왜 이러한 목표를 제시하였는지, 왜 회사와 연관될 수 있는 포부점인지 구체적인 이유를 제시해 주시기 바랍니다.

3. 입사 후 포부 (1차)

• 실제 문항 질문

당신이 이루고 싶은 꿈은 무엇입니까?

① 토목설계직에서 효율적인 설계방법을 찾아 비용절감을 위한 노력을 할 것입니다. ② 토목설계를 통해 비용적인 부분을 절감하여 회사 수익에 기여와 시공시간 단축을 하고 싶습니다. ③ 이를 위해 저는 CAD 활용능력을 키워 왔으면, 전문교육원에서 실제 토목설계도를 바탕으로 반복적으로 연습하며 도면 그리는 법을 익혀왔습니다. 또한, 토목설계과목을 통해 설계에 필요한 구조물에 필요한 공식과 이론을 습득하며 토목설계 기초적인 역량을 습득하였습니다. 이러한 노력을 통해 토목설계직 직무를 수행하며 비용절감에 도움이 되는 설계 역량을 보임으로서 회사 수익과 시공속도능력을 높일 수 있는 설계전문가로 노력할 것입니다.

컨설턴트의 조언

1. 세부적인 입사 후 포부 점을 잘 제시해 주셨습니다.

2. 입사 후 포부점이 왜 해당 회사와 연관될 수 있는지 잘 제시해 주셨습니다.

3. 입사 후 포부를 달성하기 위한 계획을 작성하는 부분에 배운점에 대해 내용을 제시한 부분이 다소 아쉽습니다. 앞으로 목표를 달성하기 위해 어떤 노력을 할 것인지 구체적으로 제시되었으면 좋겠습니다.

• 실제 문항 질문: 당신이 이루고 싶은 꿈은 무엇입니까?

① 토목설계직에서 효율적인 설계업무 수행을 통해 공사 비용절감을 위한 노력을 할 것입니다. ② 효율적인 설계는 설계기간 단축과 시공기간 단축을 통해 회사 수익에 기여할 수 있기 때문입니다. 이를 달성하기 위해 다음과 같은 3가지 목표를 달성할 것입니다.

③ 1. 설계프로그램 활용 능력
설계 직에서 필요한 역량을 설계프로그램을 다루는 역량이라고 생각합니다. 저는 평소에도 설계역량을 위해 도면을 그리는 CAD, 3D 설계 프로그램을 익혀왔습니다. 회사에 입사하게 되면 좀 더 전문적인 프로그램 사용과 회사에서 주로 사용되는 설계프로그램 사용 방법에 대해 빠르게 익힐 수 있도록 노력할 것입니다.

③ 2. 도면이해 능력
설계 프로그램을 이해하는 것뿐만 아니라 도면을 읽을 수 있는 역량 또한 중요합니다. 저는 ○○교육을 통해 토목설계에서 주로 사용되는 도면 샘플을 확인할 수 있었습니다. 하지만, 실제 현장에서는 다른 공종과 제가 볼 수 없었던 다양한 구조물을 도면을 읽고 파악해야하는 역량이 필요하다고 생각합니다. 업무를 통해 다양한 설계도를 익히며 도면을 이해할 수 있는 능력을 키우겠습니다.

③ 3. 설계업무에 필요한 이론이해
설계에 들어가는 각종 장치나 구조물에 대해 이해하기 위해서 그에 알맞은 공식과 요소를 활용할 수 있어야 한다고 생각합니다. 실무에서 필요한 새로운 구조물에 필요한 이론과 공식이 있다면 꾸준하게 공부하고 학습하여 업무에 활용할 수 있도록 노력할 것입니다.

컨설턴트의 조언

1. 구체적인 입사 후 포부 점을 잘 제시해 주셨습니다.

2. 입사 후 포부 점에 대해 회사와 어떤점에 있어 연관이 되는지 잘 제시하였습니다.

3. 입사 후 포부를 달성하기 위한 구체적인 계획이 잘 제시되어있습니다.

경험문항 작성

경험문항 작성은 스토리텔링형 질문 문항이
메인이 됩니다.
팀워크, 창의력, 문제해결 등 지원자의
경험과 사례를 바탕으로 설득력 있게
작성되는 과정을 살펴보도록 하겠습니다.

• 실제 문항 질문

본인이 희망하는 직무를 선정하고, 그 이유와 이를 위해 어떠한 준비를 하였는지 서술하시오.

① 영업을 잘하기 위해 누구보다 소통을 잘해야 된다고 생각합니다. 고객들과 소통여부에 따라 최종 구매가 달려있다고 생각합니다. ② 저는 동아리에서도 조원들과 항상 소통을 하며 동아리를 운영하기 위해 노력해 왔으며, 문제가 발생하면 조원들과 함께 테이블에 앉아 토론하는 것을 좋아하였습니다. 토론을 통해 논리적으로 말하는 방법, 상대방의 이야기를 듣는 방법을 익힐 수 있었습니다. 또한, 긍정적인 마인드를 가지기 위해 노력하였습니다. 판매의 기쁨도 있지만 수많은 거절과 고객의 불만사항을 잘 들어주어야 하기 때문에 긍정적인 마음가짐을 위해 노력했습니다. 항상 어려운 일에 대해서는 긍정적인 측면을 발굴하여 좋은 점만 바라보려고 노력하였고, 긍정의 힘이란 도서를 읽으며 긍정마인드에 대해 전문적인 지식을 습득할 수 있었습니다. 뿐만 아니라 실제로 금융영업아카데미를 통해 영업에 필요한 고객 중심 마인드, 판매방법과 고객 불만 대처 경험을 쌓을 수 있어, ③ 누구보다 영업 직무를 잘 수행할 수 있다고 자부할 수 있습니다.

> **컨설턴트의 조언**
>
> 1. 두괄식 결론에 해당하는 내용이 지원자가 잘 할 수 있는 역량인지, 주장하는 내용인지 명확하지 않습니다. 어떠한 주장을 하고 싶은지 구체적으로 제시해 주시기 바랍니다.
>
> 2. 소통에 관련된 사례가 다소 일반적이고, 관련 경험에 대한 구체적인 내용이 부족합니다. 세부적인 사례를 바탕으로 작성해 주시기 바랍니다.
>
> 3. 구체적인 다짐이 내용이 다소 부족해 보입니다. 좀 더 적극적인 다짐으로 작성해 주시기 바랍니다.

• 실제 문항 질문

본인이 희망하는 직무를 선정하고, 그 이유와 이를 위해 어떠한 준비를 하였는지 서술하시오.

〔고객들의 구매에 숨겨진 요소, 친숙, 신뢰의 요소를 알게 되다.〕

① 금융영업아카데미 교육활동을 통해 고객들의 구매요소에 핵심적인 친숙과 신뢰에 대해 배울 수 있었습니다. 영업을 가장 잘하기 위해 누구보다 소통을 잘 해야 한다고 생각했고, 고객들과 가장 소통을 많이 하는 분야에 대해 알아보니 ② 금융영업이라고 생각하여 교육을 듣게 되었습니다. 상품정보전달과 고객들의 거절 대처 방법, 영업마인드에 대해 배울 수 있었고, 배운 지식을 바탕으로 현장 실습을 하게 되었습니다. 제한된 시간에 자본금을 활용하여 수익금을 발생해야하는 미션을 수행하는데 있어 이론과 실제와의 차이를 느낄 수 있었습니다. 저의 팀은 수익금 전부 김밥을 구매하여, 회사 건물 앞에서 직장인들 대상으로 판매를 시작하였습니다. 하지만, 회사원들은 평소 자주 가는 김밥판매 아주머니한테 가거나, 편의점에 가서 구매를 하였습니다. 주변에서 판매되는 김밥보다 가격이 낮음에도 불구하고 고객들은 익숙하고, 믿을 수 있고, 맛이 보장된 제품을 선택한다는 것을 알게 되었습니다. 이러한 경험을 통해 영업 직무를 수행할 경우 단순히 가격으로 고객에게 다가가는 것이 아닌, 호감과 신뢰의 모습도 중요하다는 점을 알게 되었습니다. ③ 이러한 경험을 바탕으로 고객들에게 친숙하고 호감을 줄 수 있는 이미지 구축에도 최선을 다할 수 있도록 노력할 것입니다.

컨설턴트의 조언

1. 두괄식 결론에 구체적인 직무 역량점을 잘 제시해 하였습니다.

2. 관련 사례들 중 영업직무와 가장 연관된 경험에 대해 구체적인 내용을 잘 작성하였습니다.

3. 마지막 다짐 내용에서 관련 사례를 바탕으로 어떠한 마음가짐으로 업무를 수행할 것인지 적극적인 내용을 잘 표현해 주셨습니다.

1. 직무역량 (2차)

• 실제 문항 질문

혼자 하기 어려운 일에서 다양한 자원 활용, 타인의 협력을 최대한으로 이끌어 내며 팀워크를 발휘하여 공동의 목표 달성에 기여한 경험에 대하여 기술해 주십시오.

① ○○대회 아이디어 콘테스트에 팀원들과 함께 참여하게 되었습니다. ② ○○대회는 1년에 한번 학교에서 자체적으로 아이디어와 창의력향상을 위해 주최하는 큰 행사입니다. 이러한 행사에 친구들과 함께 참여하고 싶어 팀원들을 모집하여 신청하게 되었습니다. 대회에 참가하여 받은 제시 문을 바탕으로 아이디어를 만들어야 했습니다. 조원들은 각자 제시 문에 관련된 다양한 아이디어를 만들어 제안하였습니다. 한 친구는 자신의 아이디어에 대해 열변을 토하며 이야기하였고, 한 조원은 좀 더 독특한 방법으로 접근하여 제시문과 관계없는 이야기를 하며 서로의 아이디어가 채택되길 원했습니다. 그러다보니 서로의 목소리가 높아져 분위기가 가열되었습니다. ③ 이를 해결하기 위해 조원들에게 투표를 제안하여 아이디어를 선택하자고 제안하였고, 가열된 분위기에서 팀원모두 협조하게 된 환경으로 전환하였습니다. 비록 입상 수상 경험을 할 수 밖에 없었지만, 팀원들과 함께 갈등에서 협조분위기를 빨리 전환하여 튼튼한 팀워크를 이끌어 갈 수 있는 경험을 하였습니다.

컨설턴트의 조언

1. 두괄식 결론의 내용으로 다소 내용이 부족합니다. 구체적인 결론점을 제시해 주시기 바랍니다.

2. 배경과 사건에 해당하는 내용이 다소 길어 가독성에 영향을 줍니다. 배경과 사건은 간단하게 내용만 파악할 수 있을 정도로 제시해 주시기 바랍니다.

3. 팀워크를 위한 지원자의 행동점의 내용이 다소 빈약합니다. 좀 더 세부적인 활동 내용을 작성해 주시기 바랍니다.

• 실제 문항 질문

혼자 하기 어려운 일에서 다양한 자원 활용, 타인의 협력을 최대한으로 이끌어 내며 팀워크를 발휘하여 공동의 목표 달성에 기여한 경험에 대하여 기술해 주십시오.

〔팀 단결시킨 비밀? 다수결 원칙〕

① 합리적인 의사결정을 적용하여 팀 화합을 이룬 경험이 있습니다. ② ○○ 대회 아이디어 콘테스트에 친구들과 참여 하게 되었습니다. 대회 시작부터 친구들은 열정적으로 다양한 아이디어를 시행하자고 경쟁을 펼쳤습니다. 자신의 아이디어를 주장하는 목소리가 점점 커졌고, 분위기가 가열되어 친구들이 말다툼을 하게 되었습니다. 팀의 화합을 무엇보다 중요하게 생각한 저는, 중재자 역할을 나서서 담당하기로 결심하였습니다. ③ 우선 친구들의 의견을 노트에 기록하고, 공통적으로 추릴 수 있는 요소를 묶어 객관적인 선택을 할 수 있도록 정리하였습니다. 선택지에 따라 친구들이 다수결 표를 선정하여 투표 하였고, 최종 ○○○주제를 결정할 수 있었습니다. 선택된 주제를 바탕으로 팀원들과 함께 협력하여 아이디어 팔표준비를 하였고, 비록 입상 수상을 하였지만, 팀원들과 갈등 없이 콘테스트를 잘 마무리할 수 있다는 점이 더 기분이 좋았습니다. 항상 다른 사람들끼리 모이면 의견이 다를 수 있다는 것을 인정하고 서로 니즈에 좀 더 맞출 수 있는 선택지 제안이 팀 화합에 중요하다는 것을 배울 수 있었습니다.

컨설턴트의 조언

1. 구제적인 내용으로 두괄식 결론을 잘 제시해 주셨습니다.

2. 관련 경험의 배경과 사건내용을 잘 정리해 주셨습니다.

3. 세부적으로 어떤 행동을 하였는지 구체적인 내용을 잘 표현해 주셨습니다.

• 실제 문항 질문

창의적으로 문제를 해결했던 사례에 대해 구체적으로 기술하라.

① ○○마트에서 판매 아르바이트를 하였습니다. ② 저는 판매 사무업무를 보며 판매 업무에 필요한 각종 문서와 판매 가격 라벨지 작업을 주로 하게 되었습니다. 판매 사무업무는 그날 재고 물품 수량파악 자료를 엑셀과 회사 전산에 기입하는 업무를 주로 담당하면서 OA활용능력을 키울 수 있었습니다. 또한, 판매 라벨 업무를 하면서, 수시로 판매 가격 변동에 대비하는 업무를 수행하였습니다. 경쟁사에 따라 가격이 수시로 변동 되고 그에 따라 전단지 가격도 변경하여 인쇄하였습니다. 고객들에게 좀 더 선명한 이미지를 강조하기 위해 컬러 전단지를 인쇄하여 사용하였습니다. 하지만, 인쇄 특성상 컬러는 시간이 좀 걸려 전단지 배포가 늦어지는 경우가 있었습니다. 그래서 제가 "배경은 유사하니 흑백을 먼저 인쇄하고, 가격만 컬러로 하여 빠르게 배포할 수 있는 아이디어"를 제안하였습니다. ③ 그 아이디어가 받아들여져 가격 전단지 배포를 빠르게 할 수 있어서 관리자님께 칭찬도 들었습니다. 이렇게 업무 효율을 높일 수 있는 아이디어를 지속적으로 개발하여 적용하는 인재가 될 것입니다.

컨설턴트의 조언

1. 두괄식 결론점의 내용이 다소 추상적입니다. 전체적인 내용을 한눈에 확인 할 수 있도록 수정해 주시기 바랍니다.

2. 배경과 사건 제시의 내용이 다소 긴 편입니다. 좀 더 간추려서 내용을 작성해 주시기 바랍니다.

3. 해당 사례의 결과점에 대한 내용이 다소 빈약합니다. 어떠한 결과가 있었는지 좀 더 구체적인 내용을 작성해 주시기 바랍니다.

• 실제 문항 질문

창의적으로 문제를 해결했던 사례에 대해 구체적으로 기술하라.

〔생각의 전환이, 업무효율을 2배로 높이게 한다.〕

① ○○마트에 일하면서 각종 이벤트를 수행하기 위해 매일 수백 장씩 새로운 컬러 전단지를 인쇄해야 했습니다. ② 고객들에게 좀 더 선명한 이미지를 강조하기 위해 컬러 전단지를 인쇄하여 사용하였습니다. 하지만, 인쇄 특성상 컬러는 시간이 좀 걸려 전단지 배포가 늦어지는 경우가 있었습니다. 다른 마트 전단지와 비교해 보니 타사에는 흑백 인쇄 자료를 사용하는 것을 발견하게 되었습니다. 이에 아이디어를 얻어 각 행사 테마가 인쇄된 자료를 활용하는 방안을 생각했습니다. 우선 행사 문구가 들어갈 자리 이외에 문구를 제외한 디자인을 진행하여 대량으로 인쇄하였고, 실시간으로 문구 내용을 편집하여 유인물을 제작하여 신속하고 빠른 대응을 할 수 있었습니다. 제작 속도도 평소 2배정도 빨리 진행될 수 있었습니다. 이렇게 매장에 사소한 유인물의 효과적인 제작 방법개선을 통해 창의적으로 업무 효율을 높일 수 있었습니다. ③ ○○회사에서도 이렇게 업무 효율을 높일 수 있는 아이디어를 지속적으로 개발하여 적용하는 인재가 될 것입니다.

컨설턴트의 조언

1. 구체적인 두괄식 결론 내용을 잘 제시해 주셨습니다.

2. 배경과 사건내용을 간략하게 잘 간추려 주셨습니다.

3. 구체적인 결과점에 대한 내용을 구체적으로 잘 표현해 주셨습니다.

3. 창의력 경험 (2차)

- **실제 문항 질문**

목표달성을 위해 귀하가 노력하셨던 점에 대해 구체적으로 제시해 주십시오.

① 몇 년 동안 운동하지 않고 학교생활을 하다 보니 체력과 몸이 너무 빨리 지치는 경향이 있었습니다. ② 계단에 올라갈 때 마다 헉헉 거리고, 몸도 무겁다 보니 집중력도 저하되어 성적도 떨어지는 것 같았습니다. 그때부터 건강한 몸을 가지기 위해 노력을 하자는 결심을 하게 되었고 본격적인 운동을 시작하였습니다. 우선은 집 앞에 있는 운동장을 몇 바퀴 달리는 것을 목표로 하였습니다. 하지만, 한 바퀴도 안 돼 멈춰서길 반복하였고 너무나도 힘들었습니다. 다리도 너무 아프고 근육에도 힘이 들어가지 않았습니다. 주위 트레이너 선생님께 물어보니 근육운동과 유산소운동을 병행하면 좋을 것 같다는 조언을 듣고 다리 근육을 먼저 키우기 위해 노력하였습니다. 주3회 헬스장에 가서 다리 근육을 강화하고 자전거를 타면서 유산소 운동을 병행하였습니다. 점차 다리 근육에 힘을 쓸 수 있었고, 운동장을 1~2바퀴씩 달릴 수 있었습니다. 이를 꾸준히 6개월간 하니 체력도 좋아지고 체중도 줄일 수 있었습니다. 나의 체력을 평가해 보고자 마라톤을 참가하게 되었고, ③ 비록 완주는 하지 못하였지만, 남들처럼 마라톤대회를 참가할 수 있을 만큼 체력을 테스트해 볼 수 있었습니다.

컨설턴트의 조언

1. 두괄식결론 내용이 다소 추상적입니다. 구체적인 결과점을 확인할 수 있도록 수정해 주시기 바랍니다.

2. 해당 문항에서 요구하는 목표점 제시가 명확하지 않습니다. 어떠한 목표점을 달성하기 위해 노력하였는지 서두에 제시했으면 좋겠습니다.

3. 마지막 다짐 내용이 다소 빈약합니다. 구체적으로 어떠한 점을 느끼고 배울 수 있어는 지. 기여하고 싶은지 제시해 주시기 바랍니다.

• 실제 문항 질문

목표달성을 위해 귀하가 노력하셨던 점에 대해 구체적으로 제시해 주십시오.

〔"헉헉"거리는 몸, 마라톤완주〕

① 마라톤을 완주할 수 있는 몸 상태를 만드는 ② 목표를 달성한 경험이 있습니다. 대학시절 체력관리를 하지 않고 생활하다보니 조금한 운동만 해도 피곤해지고, 체력적인 한계를 느끼게 되었습니다. 그래서 대학교 3학년 때 튼튼한 체력을 다시 회복하자는 목표를 세우고 그해 가을 마라톤 대회 참가를 목표로 운동을 하기로 하였습니다. 처음 운동장에서 가볍게 뛰었지만, 두 바퀴도 채 돌기도 전에 다리도 아프고 숨도 제대로 쉬기 어려웠습니다. 우선 체력이 잘 뒷받침 되지 않는 것 같아 달리기에서 우선 걷기로 운동방향을 바꾸었습니다. 또한, 다리의 근육상태를 높이기 위해 헬스장에 등록하여 틈틈이 근육운동을 병행하였습니다. 처음에는 알도배기고, 몸도 뻐근하였지만, 점차 운동 시간을 높일 수 있고, 오히려 몸도 더 상쾌했습니다. 1달 정도 기초체력을 보충하고 나서 다시 운동장 달리기를 하였는데 5바퀴는 힘들지 않고 달릴 수 있는 자신을 발견할 수 있었습니다. 한주에 2바퀴씩 늘려가며 운동장에서 달리기연습을 하였고, 10km 달리기는 무사 히 뛸 수 있는 체력을 가지게 되었습니다. 그 결과 무사히 마라톤 대회에서도 남들에 뒤지지 않는 기록을 달성할 수 있었고, 그 이후에도 지속적으로 체력관리를 하고 있습니다. ③ 이러한 경험을 바탕으로 직무 수행에 있어 부족한 점이 있다면 새롭게 목표를 달성하기 위한 전략과 방법을 적용하여 목표를 달성하는 모습을 보여드리겠습니다.

컨설턴트의 조언

1. 구체적으로 두괄식 결론에 대해 잘 작성해 주셨습니다.

2. 구체적인 목표점을 서두에 명확하게 잘 제시하였습니다.

3. 관련 사례를 바탕으로 어떠한 마음가짐을 가지고 업무에 기여할 것인지 구체적으로 잘 제시해 주셨습니다.

4. 목표달성 경험 (2차)

• 실제 문항 질문

살아오면서 경험한 실패 사례에 대해 구체적으로 서술하시오

① 평소 프레젠테이션 발표는 항상 자신 있었습니다. ② 남들 앞에서 발표할 때 떨리거나 긴장하지 않고 자연스럽게 발표할 수 있었습니다. 발표자료 또한, 효과적으로 제작할 수 있었습니다. 학과에서 발표과제가 있을 때 항상 자원하여 발표하고, 좋은 성적을 얻은 경험이 많이 있었습니다. 그러한 모습을 본 교수님의 조언에 따라 교내에서 주최하는 발표대회를 신청하게 되었습니다. 평소에 하던 모습을 보이면 좋을 것 같아 별다른 준비 없이 발표 대회에 참가 하였습니다. 하지만, 발표 진행을 하면서 문제점이 하나 둘씩 생겨났습니다. 우선 기존에 가지고 있는 발표 자료와 현장의 프로그램과 호환이 되지 않아 발표 슬라이드 효과가 엉망이 되어 당황하기 시작하였습니다. 또한, 대규모 참석인원의 관심사를 고려하지 않고 평소학과에서 발표했던 자료를 이야기하자 청중들이 공감하지 못하는 표정이었습니다. 그러자 저는 평소에 당황하지 않았는데 점차 몸이 경직되었고, 끝마무리를 제대로 하지 못하고 내려왔습니다. ③ 결국 발표대회에 실패를 경험하게 되었고 다음부터는 이런 발표대회에는 좀 더 미리미리 준비를 잘해서 실수 없도록 준비해야 한다는 결심을 하게 되었습니다.

컨설턴트의 조언

1. 두괄식 결론이 다소 빈약합니다. 구체적인 내용으로 제시해 주시기 바랍니다.

2. 배경과 사건의 내용이 다소 긴 편입니다. 배경과 사건 내용을 간추려서 제시해주시기 바랍니다.

3. 관련 사례를 바탕으로 배운점 느낀점 내용이 다소 부족합니다. 구체적인 내용이 제시 되었으면 좋겠습니다.

5. 실패 경험 (1차)

• 실제 문항 질문

살아오면서 경험한 실패 사례에 대해 구체적으로 서술하시오

〔발표대회가 준 교훈, 새롭게 보라〕

① 평소 실력을 만을 믿고 대규모 강의 장에서 발표에서 실수와 어려움을 경험하게 되었습니다. ② 평소 발표를 자신감있게 하여 지도교수님은 교내 발표대회에 참가해 볼 것을 추천해 주셨습니다. 저는 평소에도 자신감이 있었기 때문에 어렵지 않게 발표대회에 참여하겠다고 말씀드렸습니다. 발표대회 준비도 평소 학과 친구들에 좋은 평을 받은 주제를 바탕으로 좀 더 세부적인 내용과 스크립트를 완성하여 발표 연습을 하였습니다. 대회 당시 강의장에는 100여명의 학생들과 교수님들이 발표대회를 보기 위해 참여하였습니다. 생각지도 못한 문제는 저의 발표 시작 때부터 발생되었습니다. 준비해온 자료의 파일 버전이 높은 자료이다 보니, 대회 측에서 운영되는 소프트웨어로 구현할 수 없는 효과나 이미지가 발생하였고, 점점 저의 발표자신감을 잃어버렸습니다. 또한, 가장 큰 실패는 대회를 보는 참여자 분들이 너무나도 지루해하였습니다. 사실 준비된 자료는 학과 생들은 이해하고 공감할 수 있는 배경을 가지고 있는데 타 학과 생들에겐 생소하였습니다. 결과 저의 발표는 흐지부지 마무리할 수밖에 없었습니다. 발표 대회 이후 실패의 원인을 분석해 보니 발표 자료에 대해 나의 기준과 나의 생각으로 제작하고 발표한 것이 가장 큰 패착 이였습니다. 또한, 발표 대상에 대해 깊이 있게 고민하지 않고, 새로운 환경에 대해 분석하지 못한 점이 발표를 못하게 된 큰 원인이 되었습니다. ③ 그날 이후 발표뿐만 아니라 항상 나의 기준이 아니라 상대방과 상황에 대해 먼저 이해하고 어떻게 변경, 준비해야할 것이 없는지 꼼꼼하게 챙기는 습관을 가지게 되었습니다.

컨설턴트의 조언

1. 구체적인 결론점에 대해 잘 제시해 주셨습니다.

2. 배경과 사건에 대해 간략하게 제시하여 글의 몰입도를 높일 수 있었습니다.

3. 관련 경험을 바탕으로 어떠한 마음가짐을 가지게 되었는지 구체적으로 잘 제시하였습니다.

• 실제 문항 질문

다른 사람이 인식하지 못하는 문제점을 파악하고, 문제를 해결한 경험에 대해 서술하시오. (문제를 파악하게 된 상황 / 해결 방식(해결책)에 대한 구체적 내용 / 해결된 상황이나 결과물의 내용이 객관적으로 드러나게 작성할 것)

① ○○연구 학회 동아리에서 학회자료집을 만들었습니다. 6개월에 한 번씩 학회 자료집을 만들어 발간하였습니다. 학회 자료집을 만들기 위해서는 3개월씩 동아리 학생들과 함께 관련 자료집을 읽고 분석하고 편집하는 과정을 거쳐야 했습니다. 학회자료집을 연구하면서 자연스럽게 학과에 관련된 깊이 있는 지식과 공부를 할 수 있었습니다. ② 하지만, 점점 취업준비를 하기 위한 학생들이 영어와 자격증 시험에 더욱더 몰두하게 되었고 깊이 있는 연구 자료집은 취업에 도움이 되지 않는다고 생각하며 학회 동아리활동 참여율이 저조하였습니다. 그러다보니 학회 자료집을 발간하기 위한 인원이 부족해지게 되어 한사람이 여러 사람의 분량을 맡는 부작용이 발생되었습니다. 이를 해결하기 위해 학생들 직접 만나면서 설득하려고 노력하였습니다. 그 결과 학생들의 참여율이 점차 안정화 되었고 무사히 학회자료집도 발간할 수 있었습니다. ③ 이 경험을 통해 팀원들의 문제 발생 시 설득하여 문제를 해결할 수 있다는 자신감을 얻게 되었습니다.

컨설턴트의 조언

1. 구체적인 두괄식결론점 제시가 필요합니다.

2. 문제해결 경험과 같은 내용은 문제의 원인분석이 다소 부족합니다.

3. 과련 경험을 바탕으로 느낀점 배운점 내용이 관련 내용과 문항에 의도하는 내용과 연관성이 떨어 져 보입니다.

• 실제 문항 질문

다른 사람이 인식하지 못하는 문제점을 파악하고, 문제를 해결한 경험에 대해 서술하시오. (문제를 파악하게 된 상황 / 해결 방식(해결책)에 대한 구체적 내용 / 해결된 상황이나 결과물의 내용이 객관적으로 드러나게 작성할 것)

〔동기부여할 수 있는 해결책! 학회자료 완성〕

① ○○연구 학회 활동에서 팀원들이 그만두는 문제를 해결하여 학회 자료를 무사히 발간한 경험이 있습니다. 학회에서 6개월 한 번씩 발간하는 학회 자료집이 있습니다. 학회 자료집 한 개를 만들기 위해 여러 가지 논문자료와 해외의 트렌드를 파악하면서 관련 내용에 대한 고찰들을 작성해야 했습니다. 문제는 점점 취업 준비를 위해 이탈하는 학생들이 발생되어 학회 자료집 발간에 문제가 발생되었습니다. ② 저는 부회장으로서 이러한 문제를 해결하기 위해 학생들의 이탈 원인분석을 인터뷰 하였습니다. 실제로는 취업의 문제보다는 한사람이 다 논문을 읽고 이해하고 관련 생각에 대해 작성하는 것이 부담이 더 컸다는 결과를 얻었습니다. 또한, 실제로 취업을 위해 어떤 점에 도움이 되는지에 대한 동기부여가 되지 않았습니다. 이를 해결하고자 우선 한 개의 논문 리딩을 3명이 분담하여 읽고, 관련내용을 토론하기로 하였습니다. 그리고 토론을 통해 서로 좋은 생각과 의견을 기록하여 고찰 점을 마련하기로 하였습니다. 그 결과 혼자서 해야 할 분량에 대한 부담감을 덜 수 있었습니다. 또한, 취업에 도움이 되는 의사소통능력과 글쓰기력 향상에 도움이 된다는 이점을 말하니, 학생들의 참여율이 자연스럽게 높아갔습니다. 이러한 경험을 통해 좀 더 팀원들이 실제로 고민하는 점이 무엇이고 동기부여가 될 수 있는 점이 무엇인 발견할 수 있었습니다. ③ 이러한 경험을 통해 ○○부서에서 문제가 발생할 때 늘 원인 파악과 개선점 파악하여 해결하는 모습을 보여드리겠습니다.

컨설턴트의 조언

1. 구체적인 두괄식 결론을 잘 제시하였습니다.

2. 해당 사례의 문제점에 대한 원인분석을 명확하게 제시하였습니다.

3. 관련 경험을 바탕으로 어떠한 느낀점 배운점을 얻게 되었는지 잘 표현하였습니다.

6. 문제해결 경험 (2차)

• 실제 문항 질문

귀하의 평소 생활신조는 무엇입니까?

저의 평소 생활신조는 어떤 환경이든지 능동적으로 적응하자입니다. ① 저는 어릴 때부터 낯선 환경에도 어려움 없이 잘 적응하였습니다. 새로운 것들에 대해 낯설지 않게 받아들이고 그 생활에 만족하려고 하기 때문입니다. 군생활도 처음에는 낯설었지만, 금세 적응할 정도로 저의 적응력은 매우 높다고 생각합니다. 제가 입사할 회사 생활도 저에게는 또 다른 환경 적응이 필요할 것이라고 생각합니다. 처음 하는 일, 처음 보는 선배님들 과 낯선 조직문화도 적응이 필요하다고 생각합니다. ② 하지만 저의 빠른 적응력을 바탕으로 회사 환경에 저를 맞출 자신이 있습니다.

컨설턴트의 조언

250자 기준으로는 전체적인 내용으로는 큰 문제점은 없는 내용입니다. 다만 좀 더 내용을 구체화 시키고 세부적으로 작성하는 측면을 생각해 보도록 하겠습니다.

1. 구체적인 사례가 드러나지 않아 설득적이지 않습니다.

2. 관련 주장을 바탕으로 회사에 어떻게 기여하고 싶은지 작성 내용이 다소 빈약해 보입니다.

7. 생활신조 (1차)

• 실제 문항 질문

귀하의 평소 생활신조는 무엇입니까?

〔주위 환경과 조건에 나를 맞추다〕

주어진 조건과 환경에 따라 적응하고 능동적으로 대처하는 것을 삶의 모토로 지니고 있습니다. 이러한 삶의 모토는 어렵고 힘든 상황이 와도 금방 적응하고 극복할 수 있는 힘을 주게 됩니다. 학창시절 너무 틀에 박힌 삶을 지내는 것 같아 변화를 주기위해 ○○기관에서 ① 진행한 국토대장경을 신청하게 되었습니다. 길만 잘 걷고 체력관리만 잘 하면 될 줄 알았지만, 환경 변화는 견디기 힘들었습니다. 제한된 용수, 제한된 수면시간, 제한된 음식 등이 저를 더 지치고 힘들게 만들었습니다. 그때 수첩에 있는 "주위환경과 조건에 나를 맞추자"라는 문구를 보며, 관점 변화를 하며 하나씩 하나씩 적응하려고 하였습니다. 제한된 용수를 사용해하니깐, 주위 공용화장실을 이용할 때 적극적으로 필요한 물을 사용하기 위해 노력하고, 제한된 수면시간에 피곤함을 덜기 위해 쉬는 시간 짬짬이 눈을 감으며 피로를 풀기 위해 노력하였습니다. 그 결과 포기하지 않고 국토대장경을 완수할 수 있었습니다. ② 입사 후 저의 삶의 모토를 가지고 직장생활에 임한다면 어떤 순간이든지간에 적응하고 변화하며 능동적인 사원이 될 수 있다고 확신합니다.

컨설턴트의 조언

1. 주장하는 내용에 대해 구체적인 사례를 잘 제시하였습니다.

2. 관련 경험을 바탕으로 배우고 느낀점에 대해 구체적으로 잘 제시해 주셨습니다.

• 실제 문항 질문

귀하를 가장 잘 표현할 수 있는 상징단어와 그 이유는 무엇입니까?

① 저는 늘 계획을 만들어 활동하는 것을 좋아하다 보니 저를 가장 잘 표현할 수 있는 단어는 플래너라고 생각합니다. 사실 무엇을 달성하거나 목표를 이루기 위해서는 구체적인 계획이 있어야 실수 없이 달성할 수 있다고 생각합니다. ② 주변 친구들은 빠른 실행과 추진력으로 행동하길 좋아하는 반면, 저는 차분하게 계획을 세우고 어떻게 활동해야 할지 고민합니다. 그렇다 보니 다른 친구들에 비해 목표를 달성하는 일이 많고 주변에서 꼼꼼하다는 소리를 자주 들을 수 있었습니다. 이를 통해 저는 회사생활에서도 꼼꼼하게 계획성 있게 활동하면서 회사 업무를 잘 수행할 자신이 있습니다.

컨설턴트의 조언

250자 기준으로는 전체적인 내용으로는 큰 문제점은 없는 내용입니다. 다만 좀 더 내용을 구체화 시키고 세부적으로 작성하는 측면을 생각해 보도록 하겠습니다.

1. 두괄식결론이 다소 긴 문장으로 제시되었습니다. 해당 결론점이 명확하게 들어낼 수 있도록 간추려 작성하시면 좋겠습니다.

2. 주장과 관련된 구체적인 사례를 작성하여 설득력을 높였으면 좋겠습니다.

8. 자신의 정의 (1차)

• 실제 문항 질문

귀하를 가장 잘 표현할 수 있는 상징단어와 그 이유는 무엇입니까?

〔김 플래너〕

① 저를 가장 잘 표현할 수 있는 단어는 김 플래너 입니다. 어릴 시절부터 계획을 세우거나 일정을 짜는 것을 매우 좋아하였습니다. 가족여행을 간다고 하면 혼자 노트에 몇 시부터~몇 시까지 무엇을 하고, 어떤 장소를 가야하는지 혼자만의 계획을 세우곤 하였습니다. ② 이런 습관을 통해 학교 시험기간에도 계획을 세우고 우선순위를 결정하여 효과적인 시험공부를 진행할 수 있었습니다. 과목의 어려움, 시험 분량, 시험기간 등의 요소를 결정하여 제일 먼저 공부해야할 것과 장기적으로 해야 할 것 등을 구별하여 시험공부를 할 수 있었습니다. 하지만, 공부 특성상 하다보면 어려운 점도 있고 막히는 부분도 있어 중간 중간 계획을 좀 수정 변경하며 진행하였습니다. 이러한 저의 특징을 살려 입사 후 항상 업무의 중요도와 방향에 따라 계획을 수립하고 결과물을 만들어내는 구성원으로 성장해 나가겠습니다.

컨설턴트의 조언

1. 두괄식 결론에 대해 명확하게 간추려서 잘 표현하였습니다.

2. 구체적인 사례를 바탕으로 설득력 있는 내용을 제시하였습니다.

8. 자신의 정의 (2차)

• 실제 문항 질문

본인이 생각하는 좋은 회사의 조건과 그 이유에 대해 기술하시오.

제가 생각하는 좋은 회사는 회사의 성장과 직원의 성장을 생각해주는 회사가 가장 좋은 회사의 조건이라고 생각합니다. 직원의 성장이 곧 회사의 성장과 직결된다고 생각합니다. 회사만 성장 하고 직원이 성장하지 않는다면 어느 순간 정체기가 올 것이라고 생각합니다. 그렇기 때문에 회사는 직원의 성장에 대해 신경 써야 한다고 생각합니다. 직원의 성장은 전문가로서 발전 하도록 기회와 교육의 기회를 주어야 한다고 생각합니다. 교육뿐만 아니라 복지를 통한 직원의 개인적인 삶에도 혜택을 주어야 회사에서도 좀 더 발전적으로 활동할 수 있다고 생각합니다. 이렇게 직원이 성장한다면 그 동력으로 회사도 같이 성장할 수 있다고 생각합니다. 그래서 저는 직원의 성장과 회사의 성장이 보장될 수 있는 회사를 선택하고 싶습니다.

컨설턴트의 조언

전체적인 내용으로 보자면 크게 수정할 부분은 없습니다. 다만 가독성과 내용의 구체성을 보자면 좀 더 깔끔한 배열과 내용이 제시되었으면 좋겠습니다.

• 실제 문항 질문

본인이 생각하는 좋은 회사의 조건과 그 이유에 대해 기술하시오.

[회사 성장과 인재의 성장]

① 제가 생각하는 좋은 회사의 조건은 성장의 발판과 직원에 대한 성장이 톱니바퀴처럼 굴러가는 ○○기업이 가장 부합하는 회사라고 생각합니다.

② 성장이 발판이 되는 ○○산업

③ 기업은 살아있는 생명체처럼 정체되면 퇴보하기 마련입니다. 늘 새로운 성장점을 찾아 발전하고 수익을 창출 할 수 있도록 추구해야 합니다. 이에 ○○기업은 ○○사업 분야에서 새로운 서비스 진출을 하여 올해 상반기 매출 ○○억 원의 훌쩍 넘는 최대의 매출액을 달성하며 높은 성장 모멘텀을 만들었습니다. 이러한 지속적인 동력을 가질 수 있는 사업에서 00직무를 수행 하며 회사 성장에 발판이 되고 싶습니다.

② 직원의 성장을 생각하는 ○○기업

③ 기업의 새로운 산업 분야에서 성공하기 위해 가장 중요시해야 하는 점은 바로 인재를 소중히 하는 것입니다. 결국 기업을 이끄는 것은 바로 사람이 하는 일이기 때문입니다. ○○기업에서도 사내 교육프로그램, 조직 활성화 교육, 특별 휴식 제도 등 지원들의 복지와 성장에 관심과 애정을 쏟고 있다는 것을 느낄 수 있었습니다. 저는 ○○기업에서 이러한 혜택을 바탕으로 회사도 동반 성장할 수 있도록 ○○분야에서 노력할 것입니다.

이러한 회사의 성장과 직원의 성장을 발판삼아 ○○분야가 발전될 수 있도록 노력하는 인재가 되어 회사와 제가 성장할 수 있도록 노력할 것입니다.

컨설턴트의 조언

1. 주장하고 싶은 내용에 대해 명확한 내용을 제시하였습니다.

2. 주장과 관련된 내용에 대해 가독성을 높이기 위해 구분하여 내용을 잘 제시하였습니다.

3. 관련된 주장내용에 대해 세부적인 내용을 작성하면서 설득력 있는 내용을 구성하였습니다.

Q&A Sample

자기소개서 질문 답변 샘플입니다.

샘플을 보시면서 좀 더 나만의 생각과
나만의 질문에 대한 답을 찾아보세요

Q. 02

〔나의 경험 지도 만들어 보기〕

나의 과거를 뒤돌아보며 가장 기억 남는 경험에 대해 작성해 보세요.

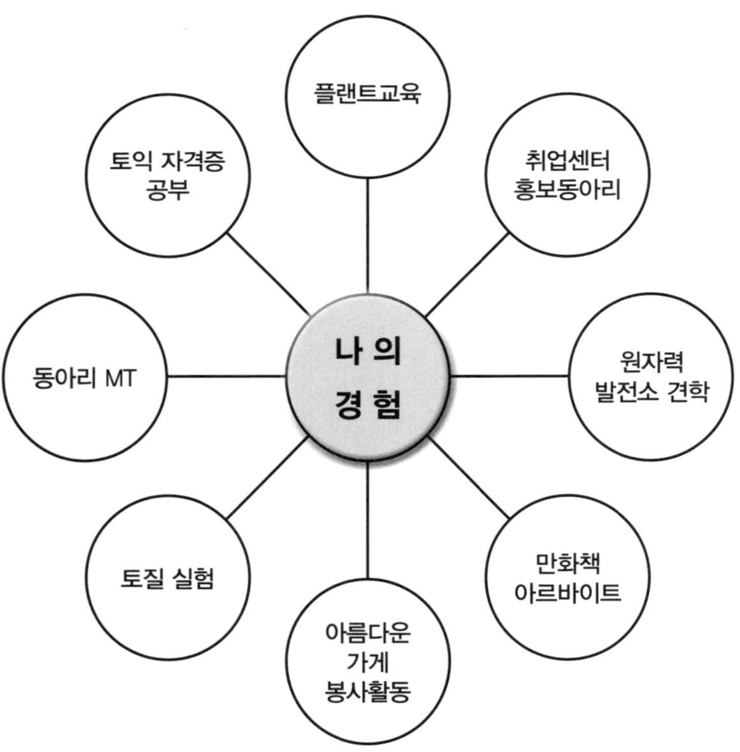

Q. 01

부모님의 직업은 무엇인가요? 부모님의 직업에 따라 영향을 받은 점은 무엇인가요?

부모님의 직업은 건설공무원 생활을 하셨다.

그러다 보니 건설현장에 많이 가시게 되어서 평일에도 멀리 있는

지방에 가셨고 1주일에 한번 볼 때가 많았다.

점차 그러한 생활이 많아져서 집안에 가장의 역할을 내가 대신하게

되었다. 특별한 일은 아니었지만, 집안 문단속도 하고

책임감 있게 집에 무슨 일이 생기면 자발적으로 해결하려고 하였다.

대학교 학과 선택을 할 때 부모님의 직업의 영향이 컸다.

당시에 어떤 학과를 선택해야 할지 몰라서 부모님과 동일한 전공

학과를 선택하였다. 아마도 이 부분이 가장 부모님의 직업으로 가장

큰 영향을 받은 점 인 것 같다. 아마도 컴퓨터에 관련된 직업을 가지고

있으셨으면 IT관련된 공부를 했을 것이다.

건설공무원으로서 좀 더 학과 생활에 유리하게 작용할 줄 알았는데..

건설관련 학과 생활은 참 어려웠다. 역학과 공학에 관련된 지식과

활용이 필요했는데 이런 부분에 대해 좀 더 알고 왔으면

다른 학과를 선택 했을 것 같다.

Q. 01

자신의 친한 친구는 몇 명인가요? 어디서 만나게 되었나요?
왜 친하게 지내게 되었나요?

박○○ 친구

초등학교때 부터 같이 한 동내에서 지내온 나의 가장 친한 친구

초등학교때 부터 중학교까지 같은 학교를 나오면서 가장 서로에

대해 이해하고 잘 알게 된 친구. 서로 고민이나 어려운 점이 있으면

서로 이야기하면서 들어 주는 친구가 되었다. 그 친구에게 배울점은

정직하고 늘 자신의 기준에 맞는 일만 받아들인 다는 점이 참 존경스럽다.

황○○ 친구

MD 학원에서 일할 때 만난 학생으로 동갑내기 친구가 되었다.

학원에서 MD 교육을 받을 때 그 친구의 취업에 관련된 일을

도와주면서 취업문제로 도와주고 힘써주다 보니 친하게 지내게 되었다.

지금도 연락하고 만나면서 서로의 고민거리를 나누곤 한다.

Q. 03

내가 흥미를 가지고 학교에서 활동했던 일은 무엇이 있나요?

(학교친구들, 개인)

학교에서 가장 흥미를 가지고 한 활동은 취업센터 홍보동아리를 했던 일이다. 1, 2 학년때는 동아리의 필요성 보단 학업 공부에 좀 더 몰두하면서 지냈다면, 어느 순간 대학교 생활이 공부라는 것이 다 가 아니라는 점을 느끼고 동아리를 찾아보았으나 받아주는 곳이 없었다. 하지만, 학교 교내 취업센터에서 홍보동아리를 모집한다는 공고를 보고 취업센터 홍보동아리에 들어가게 되었다. 더욱더 홍보동아리 생활이 흥미로운 점은 바로 동아리에 첫 회장을 맡게 되었던 것이다. 사실 이전까지는 조직의 장이 해본 경험이 없어 꼭 한번 해보고 싶다는 생각을 많이 했는데, 동아리에도 들어가고 조직의 장도 맡게 되어서 남들보다 2~3배 열심히 활동하게 되었다. 취업센터 홍보를 위해 각종 취업박람회도 운영하고 기업설명회도 참여하고 취업스터디에도 참여하면서 많은 학생들에게 취업센터를 알리기 위해 열심히 활동하였다. 그 속에서 팀워크의 중요성과 리더십 또한 조직구성원들과 의사소통능력도배울 수 있는 좋은 기회가 되었다. 비록 완벽하게 조직을 이끌 진 못했지만, 그런 경험을 발판 삼아 다른 조직원들을 이끌 수 있는 사람으로서 성장할 수 있었다.

Q. 01

지원 학과 목표와 비전은 무엇인가요?

건설환경공학의 기초 및 이론지식, 공학적 사고능력을 지닌 리더 육성

건설환경공학 제 분야에 대한 시스템 설계 및 구현 능력 배양 공동 협력

작업에 필요한 협동심 및 원활하고 적극적 의사소통능력 배양 정보화

국제화 사회에서 건설환경분야 전문인력이 보유하여야 할 윤리의식 배양

건설환경공학은 인류의 기본적 생활과 경제적 사회적 활동에 필요한

시설물의 설계, 건설 및 유지관리하기 위한 기술분야이다.

이러한 사회기반시설은 시대에 따라 변화 발전해 왔다.

교량, 터널, 도로, 철도, 공항, 항만, 운하 등의 교통 및 물류시설

신도시단지, 지하공간과 같은 도시공간시설, 원자력발전소,

수화력발전소, 풍력발전소, 조력발전소, 석유비축기지 등의 에너지시설

사회기반시설은 공학적으로 건설환경공학 시스템이 되며 건설환경공학

프로그램에서 시스템을 안전하고 경제적이며 환경 친화적인 방법으로

설계, 시공 및 유지관리하는데 필요한 기초 및 응용기술을 배운다.

(동국대학교 홈페이지 참고)

Q. 11

실험 중 가장 인상 깊었던 경험은 무엇이고, 어떻게 활동하였고,
결과 및 배우고 느낀 점에 대해 기록해 보세요.

실험: 시멘트 비중 시험

참여 이유	토목재료과목에서 실질적인 시멘트의 비중과 풍화정도를 확인하기 위해 실험에 참여하게 되었음
목표 또는 과제 내용	시멘트 비중의 변화를 측정하여 품질관리에 이용하여 풍화정도를 파악, 배합설계에서 시멘트가 차지하는 부피를 계산
나의 세부 활동 내용	르샤틀리에 플라스크, 저울, 석유, 수조 기구를 활용하여 실험에 참여 비중을 구할 수 있는 실험식을 이용하여 결과 값을 도출함
결과 및 느낀점	시멘트의 저장상태 불량으로 시멘트가 풍화되어 감소한다는 사실을 이해 비중공식활용 능력을 경험하였음
관련 역량	**직무역량:** 토목재료의 이해　　**태도:** 신중함

Q. 04

봉사활동 경험 중 기억에 남는 활동에 대해 작성해 보세요.

활동: 아름다운가게 봉사활동 경험

참여 이유	학교외부 기관에서 봉사활동을 통해 봉사정신 함양과 타 학교와 다양한 사람들과 만남 속에서 서로 봉사활동을 통해 소통하고 일하고 보람을 느끼고 싶어 참여하게 되었습니다.
어떤 일이 있었나요?	기부 받은 물건을 매장 내에 정리하여 고객들이 편하게 물건을 살 수 있도록 진열하거나 물건의 판매 가격이나 부착물이 떨어졌을 경우 확인을 통해 가격 표시. 고객들의 물건 구매 결제 담당
경험 속 나의 활동 내용	봉사활동을 오래 하다 보니 다른 봉사원들의 업무적인 관리를 담당하게 되었는데. 한때는 가게 매니저님이 없을 때, 가게 매니저를 담당하며 봉사원들의 업무적인 관리와 고객들의 불만 대처 등을 경험하면서 봉사원으로서 업무 관리능력과 관리자의 시각으로서 봉사활동을 할 수 있었다.
결과 및 느낀점	봉사활동을 통해 단순히 내가 봉사활동을 한다는 것에 너무 뿌듯해 있기 보단, 정말 내가 도움이 되고 있고 봉사활동을 통해 의미가 전달 될 수 있는 생각과 마음을 가지고 하고 있는지는 확인해 볼 수 있었다. 또한 관리자로서 역할을 통해 업무를 할 때 좀더 미래지향적으로 업무를 바라보고 수행해야 한다는 점을 배웠다.
관련 역량	태도: 봉사정신, 팀워크, 관리능력, 소통, 문제해결

Q. 08

대학시절부터 현재 까지 목표를 달성했던 경험은 무엇인가요?

경험: 마라톤 참가를 한 경험

어떤 목표를 달성한 경험인가요?	체력이 좋지 않아 체력향상을 통해 최종 마라톤에서 참가하는 목표를 만들게 됨
어떤 일이 있었나요? (사건, 과제, 목표)	처음 운동을 하려다 보니 몸이 잘 따라 주지 않고 운동장 한 바퀴도 돌지 못할 정도로 체력이 허약하였다.
경험 속 나의 활동 내용	우선 트레이너님께 상담을 통해 다리근육과 자전거를 통해 기초체력을 높였고, 그 이후 운동장에 러닝을 잘 할 수 있었다. 매주 1~2바퀴씩 증가하면서 운동량을 높였다.
경험 결과 및 느낀점	결국 마라톤 대회에 참여할 수 있었고 비록 전체 코스를 완료하지 못하였지만 참여에 의미와 할 수 있다는 자신감을 가지게 됨
관련 역량	직무역량: 태도: 목표달성능력, 끈기

Q. 01

조직을 가장 잘 이해하고 있었던 경험은 무엇인가요? 조직의 장점, 개선점은 무엇인가요? 장점과 개선점에 기여하고자 어떤 활동을 하게 되었나요?

조직을 가장 잘 이해하고 활동했던 경험은 취업센터 홍보동아리 활동이다.

그 이유는 처음으로 취업센터에서 홍보동아리를 만들었기 때문에

시행착오가 많을 것으로 예상되었다. 조직의 강점은 우선 처음으로

신설된 동아리로서 학생 참여의 의지가 강했고 다른 학과 출신으로

고루고루 선발되었기 때문에 참여 의지가 높았다. 다만 조직의

단점으로는 처음 시도 되는 동아리로서 운영방법과 노하우가

부족하였다. 조직을 전체적으로 관리하시는 담당자님도 신설 동아리에

대해 운영노하우가 부족해 보였다.

조직의 강점을 더욱 살리기 위해 우선 팀원들과 함께 사소한

이야기라도 나누고 공감하면서 팀의 분위기과 협력을 높이기 위해

노력하였고 개인적으로는 팀원들을 위해 희생도 필요하였다.

조직의 단점을 개선하기 위해 거의 매일 관리담당자 만남을 통해

사소한 일이라도 공유하고 팀원들의 의견을 반영하기 위해 노력하였다.

다만 처음 진행되는 조직인 만큼 관리담당자의 의견을 좀 더

반영하기 위해 노력했던 점에 대해 팀원들에겐

다소 미안한 마음이 들기도 하였다.

롯데

〔실력을 키우기 위해 끊임없이 노력하는 젊은이〕
관련 경험은 무엇이 있나요?

건설관련 직무수행을 위해 좀 더 심화된 내용을 배우기 위해
노력하였습니다. 우선 플랜트 건설업계의 내용과 설계 프로세스를
학습하기 위해 플랜트 교육을 신청하였습니다.
플랜트 건설에 필요한 기초적인 건설지식을 배울 수 있었고,
타 공정과 업무 관계에 대해 학습할 수 있었습니다. 또한,
현직에 있는 실무 담당자를 통해 플랜트 건설의 현장의 모습과
업무에 대한 이해를 쌓을 수 있었습니다.

또한, 건설업종의 이해를 하기 위해 인터넷을 통해 건설산업교육을
받았습니다. 학교에서 알게 된 지식에 대해 다시 한 번 정리할 수
있었고, 건설관련 문서업무나 법규에 대해 알게 되었습니다. 또한,
안전에 관련된 내용을 학습하며 건설안전관리기사에 대해 취득하기로
마음을 먹었습니다.

건설의 전문적인 지식을 보강하기 위해 건설안전기사와 토목기사
취득을 통해 좀 더 전문건설인이 되기 위해 노력하였습니다.

Q. 01

지원 직무는 어떤 일을 주로 하는 곳인가요?

플랜트 공사는 토목공사를 시작으로 빌딩공사, 철골 구조물 설치,

기계설치 등 전기, 계장, 시운전 업무의 순서로 진행되며, 업무내용으로

는 공사수행계획수립, 협력업체선정, 품질관리 및 안전환경 지원,

원활한 자재수급관리, 시운전 계획수립, 수행 및 성능보장시험

그리고 마지막에 공장을 인계합니다. 플랜트 시공업무는 담당 분야별로

나뉘어져 진행되지만 각 부서간의 긴밀한 업무협조가 요구되기

때문에 조직 간의 정보전달을 원활하게 할 수 있는 의사소통능력도

필요. 최근에 해외 프로젝트가 증가함에 따라 영어를 비롯한

어학능력이 더욱 중요하고 국제 감각이나 세계적인 시각이 있는 것도

매우 중요하다. 본사에서는 공사 견적업무, 현장지원 및 모니터링

업무를 수행하며, 공사 견적업무는 전략적 수주를 위한 발주처,

현지조사 및 관련자료수집, 협력업체용 ITB 작성

협력업체 공사견적서 검토 및 평가 해외협력업체 자료수집 및

관리 등으로 구성

(GS건설 홈페이지 참고)

Q. 02

지원 직무의 하루 일과에 대해 작성해 보세요.

과거 사우디 근무 시 현장에서의 하계 일과 시간으로 소재하자면,

5시30분까지 현장 사무실에 출근하여 모든 근로자와 함께 체조 후

TBM 실시 후 힘찬 구호와 함께 하루를 시작합니다.

점심시간 11시 전까지 현장 업무와 사무실 업무를 병행하고,

11시 반부터 2시반까지 점심시간을 갖습니다.

사우디의 경우 정오 시간을 기점으로 매우 기온이 높으므로 국가법으로

해당 시간에 일하는 것을 금지하고 있습니다.

따라서 2시 반부터 5시 반까지 오후 일과를 진행하며

야근이 필요하면 저녁 식사 후 6시 반부터 8시 반까지 일한 후 일과를

마무리합니다.

(현대건설 홈페이지 참고)

Q. 04

지원 직무에서 요구되는 역량은 무엇이 있나요?

지식, 기술, 태도 3가지 측면으로 정리해 보세요.

	내용
지식	토목관련 지식(토질, 측량, 수리 등) 토목구조물 설계 지식 토목 재료 이해 철골구조물 이해 도면의 종류 및 이해
기술	건설 Software 기술 Cad 설계프로그램 측량 기술 컴퓨터 OA 활용능력
태도	리더십 책임감 도전정신 유연한 인간관계 의사결정력 추진력

Q. 04

3학년 학교생활 중 배운 지식과 경험 중 지원 직무와 관련 있는
내용은 무엇이 있나요? 구체적인 내용에 대해 기술하세요.

---

1. 건설시공 및 견적 과목

건설과 관련된 각종 시공법에 대한 개략적인 내용,

건설의 계획 및 시공 단계에서 가장 중요한 요소 중의 하나인 견적과

원가 관리 이해 토공사의 이해, 각종 건설 기계의 소개, 시공법 개론,

개산견적의 개념

2. 건설프로젝트관리 과목

건설 사업관리 지식을 제공함으로써 건설프로젝트를 효과적으로

관리할 수 있는 기본역량 학습, 건설공사의 기획, 설계, 시공의

Life-Cycle을 중심으로 한 전체적 흐름의 이해와 건설공사 전반의

관리 및 부문별 관리기법의 이해공정관리, 원가관리, 경제성분석,

건설조달체계에 대한 기초, 건설사업비 구조

3. 철근콘크리트

철근콘크리트의 기본적인 특성과 보나 1방향 슬래브 등의 구조부재

이해 강도설계법의 기본개념을 학습하고 설계하는 방법 이해

(동국대학교 홈페이지 참고)

Q. 01

지원 기업 비전, 목표, 핵심가치에 대해 작성해 주세요.

지원기업 예시: GS 건설

	내용
비전	GS 건설의 비전은 창의와 열정을 통해 인류의 삶을 풍요롭게 하는 가치를 만들어 고객과 임직원, 투자자와 인류사회로부터 신뢰받는 파트너 Global 1등기업
목표	CEO 인사말 당사는 지속 가능한 성장을 최우선 과제로, Global Top Tier 건설사로 도약하기 위해 최선의 노력을 기울이고 있으며, 이를 위해 기존 주력사업에서의 성과 뿐만 아니라, 신성장 사업을 전략적으로 육성해 나가고 있습니다. 앞으로도 본업의 전문성을 더욱 강화하고 인재를 육성하여, 보다 견실한 회사로 성장해 나갈 수 있도록 최선을 다할 것입니다. 다시 한번 저희 GS건설에 보여주신 깊은 애정과 관심에 감사의 말씀을 드리며, 지속 가능하고 신뢰받는 Global GS E&C로 거듭날 것을 약속 드립니다.
핵심가치	변화, 최고, 신뢰 3가지 핵심가치를 기반으로 당사의 비전을 달성하고 지속가능한 발전을 이루고자 한다.

(GS 건설 홈페이지 참고)

Q. 02

지원 기업 사업의 현황에 대해 탐색해 봅시다.(주력사업, 매출, 영업이익)

회사의 경쟁우위요소

정유, 석유화학 분야에서 엔지니어링 기술의 경쟁력 우위를

점유하고 있고 최근 중동, 아시아 및 CIS지역 프로젝트에서의 성공적인

완료를 통해 설계 역량을, 최근 중동, 아시아 및 CIS지역 프로젝트에서

의 성공적인 완료를 통해 신시장 진출 노력과 선제적 리스크 대응을

통해 안정적 수주/매출 기반 전력을 가지고 있다. 초대형 프로젝트의

수행 경험 기반으로 고도화된 Management 역량을 배양하고 있습니다.

49기 3분기 매출과 영업이익 (단위: 백만원)

매출: 2,121,525 영업이익: (451,127)

GS Construction Arabia Co.,Ltd : 석유정제 등 플랜트사업과 각종

건축사업을 수행

GS Inima Environment S.A : Industrial Sector에서의 환경과 관련된

모든 종류의 Engineering, Fitting-out, 역무 및 용역을 수행

(GS건설 분기보고서 참고)

Q. 03

지원 기업의 최근 이슈에 대해 3가지 이상 작성해 보세요.

이슈	내용
1.	GS 건설이 최근 2740억원 규모 동해항 석탄부두 건설공사 수주 GS 건설은 동해지방해양수산청에서 시행하는 동해항수산청에서 시행하는 동해항 3단계 석탄부두 건설공사 사업시행자 모집공고 에서 시공 대표자로서 참여하게 됐다. 동해항 3단계 석탄부두 개발은 강원도 동해시 구호동 동해지구 전면해상에 10만 톤급 선박의 정박이 가능한 석탄부두 건설 이데일리 2018.02.07
2.	GS 건설이 지난해 약 2만 4000세대 국내 주택 분양 실적에 올해에도 약 3만세대 분양계획으로 주택 중심의 외형 성장을 유지해나갈 것이라고 한다. 올해 신규 수주는 총 11조5000억원으로 태국 타이어오일를 비롯한 다수의 해외 수주 파이프라인 보유로 하반기 관련 모멘텀 보다 확대될 것이다. 이데일리 2018.02.07
3.	GS 건설이 내년 동남아시아에 발주되는 플랜트 공사를 수주 해외수주를 회복할 것이다. 2018년 동남아시아의 플랜트 프로젝트 발주가 늘어날 것으로 예상 GS건설은 내년에 태국과 인도네이사, 베트남 발주되는 5건, 150억 달러 이상의 프로젝트 입찰에 참여할 것으로 예상된다. 이데일리 2018.02.07

(GS건설 뉴스 자료 검색)

Q. 04

지원 기업과 경쟁관계에 있는 회사 3곳에 대해 탐색해보세요.

경쟁사	지원기업과 비교 했을 때 장점, 단점
1. 롯데건설	화공플랜트 분야에서는 국내외 석유화학산업을 선도하는 그룹 유화사인 롯데케미칼과 동반하여 국내 여수, 대산, 울산 석유화학단지 및 해외 말레이시아 등지에 다양한 석유화학 플랜트 건설에 참여하고 있으며, 인도네시아 ASC PKG6 프로젝트 및 말레이시아 TE-3, TPP3 프로젝트를 수주, 시공하여 역량을 지속적으로 확대하고 있습니다. (롯데건설 분기보고서 참고)
2. 현대건설	당사는 1960년대 단양 시멘트공장 건설을 시작으로 포항제철, 대산 정유공장 및 석유화학 단지 건설 등으로 축적된 풍부한 기술력과 경험을 바탕으로 해외 시장에 진출하여 중동과 동남아에서 수많은 공사를 성공적으로 수행하였으며 최고의 프로세스 플랜트 건설회사로 인정받았습니다. (현대건설 분기보고서 참고)
3.대림산업	해외플랜트 사업 분야는 유가하락으로 인해 중동 지역 발주 규모가 축소되는 가운데 이란 금융제재 해제로 동 지역의 발주 확대가 예상되며, 오랜 기간 이란에서 다수의 공사 경험이 있는 당사에게는 해외시장 위축을 극복할 수 있는 기회라고 여겨집니다. (대림산업 분기보고서 참고)

Q.08

지원 기업에 속하는 산업의 동향에 대해 작성해 보세요.(국내/외 동향)

플랜트시장은 지속되는 세계경기 침체에도 불구하고 중동지역의

주요 산유국들은 지속적으로 에너지/산업설비의 확장 및 신설, 유지,

보수 투자할 계획을 가지고 있으며, 아시아, 아프리카 등 신흥시장의

성장에 따른 에너지 산업설비 확충으로 인하여 정유설비에 대한

투자가 지속적 증가할 전망입니다.

또한, 선진업체들은 투자개발, Licensing, PMC 등 고부가가치

영역에서의 수익성 확보에 집중하고 있으며, 중국/인도 등의 후발

EPC업체는 가격경쟁력을 앞세워 시장 점유율을 확대해 나가고 있어,

향후 한국 기업은 고부가가치 사업영역으로

눈을 돌려 경쟁력을 확보해 나가야 할 것입니다.

플랜트산업은 장기간의 건설기간 중 다수의 협력기업과 인력이

투입됩니다. 또한, 다양한 첨단 기술, 기자재, 장비 등이 동원되며

대규모의 투자비가 소요되는 특징을 가지고 있으며, 기자재 조달 Risk,

현지인력 수급 Risk, 대형 기기의 운송/통관 등으로 인한 공기지연이

발생할 가능성이 있습니다. 플랜트 프로젝트의 성공적인 수행을

위해서는 계획, 조사, 설계, 구매, 공사, 시운전 등 일련의 업무를

경제적, 종합적으로 판단하여

최단기간에 완성하도록 계획하고 조정하며,

다양한 고객의 요구조건들을 만족시키는 고도의 수행관리 능력이

필수적입니다.

(GS건설 분기보고서 참고)

Q&A 활용 자기소개서 작성 비법

자기소개서 질문들에 대한 답변 바탕으로
자기소개서를 완성하기 위한
작성 비법에 대해 알아보도록 하겠습니다.

자기소개서 글은 서론, 본론, 결론으로 구성됩니다. 전체적인 글에 평가자 쉽고 빠르게 해당 내용을 이해할 수 있도록 전체적인 내용에 대한 타이틀 〔소제목〕을 작성하는 것이 좋습니다.

서론에서는 글에서 주장하는 내용에 대해 파악할 수 있도록 결론점을 제시하게 됩니다. 그리고 결론점에 대한 이유과 사례의 도입부가 되는 배경이 시작됩니다. 본론은 관련 사례에 대한 사건이나 행동, 설명을 작성합니다. 결론점에는 사례에 관련된 결론점과 배운점, 느낀점, 해당 글을 바탕으로 기여점을 제시합니다.

– 자기소개서 구조 –

〔   〕

소제목이 필요합니다. 전체적인 글을 한 번에 파악할 수 있도록 제목이 필요합니다. 제목은 해당 내용의 배경, 사건, 결과, 역량에 대한 키워드 중심으로 만들면 됩니다.

서론	1. 전체적인 글에 대한 주장점을 제시하고, 주장점에 해당하는 이유나 설명을 작성합니다.
본론	2. 본론에는 두괄식 결론에서 주장한 구체적인 내용 또는 사례를 작성합니다. 사례는 STAR 배경, 사건, 행동, 결과 중심으로 작성합니다.
결론	3. 결론에는 전체의 글에 대한 내용을 한 문장으로 정리하여 느낀점, 배운점 회사의 기여점으로 다짐중심의 내용으로 작성하면 됩니다.

- 자기소개서 예시 -

〔숫자를 활용한 분석기법으로, 마케팅 프로젝트 4.5 만점 달성〕

서론	저는 무엇이든지 수치화 하여 수행하는 성격을 가지고 있습니다. 제가 지원한 ○○직무에서 수치화 능력은 다양한 판매 매출과의 관계를 통해 앞으로의 판매 전략 수립에 중요하다고 생각합니다.
본론	〔배경, 사건〕 학교 마케팅 프로젝트를 수행할 때도 다른 팀원들은 정보에 대한 의미와 해석 위주로 진행할 때, 〔행동〕 저는 공통적인 키워드에 해당하는 정보를 추출하여 엑셀로 카운팅작업을 하여 정보 데이터 자료를 구축하였습니다. 수치화된 자료를 바탕으로 마케팅 프로젝트 주제의 방향을 수립하기로 결정하게 되어 진행되었습니다. 수치적인 자료를 컨셉으로 하다 보니 뒷받침 되는 근거 자료 또한 수치적으로 나타낼 수 있는 부분을 선택하여 사용할 수 있게 되는 효과를 가지고 왔습니다. 〔결과〕 그 결과 데이터를 활용한 마케팅 프로젝트에 높은 점수를 받을 수 있었고 수업성적도 A+를 받을 수 있었습니다.
결론	〔배운점, 느낀점〕 항상 숫자를 활용하면 정확한 값을 예측할 수 있고 활용할 수 있습니다. 저의 이러한 장점은 업무를 수행하는데 있어 완성도를 더욱 더 높일 수 있다고 생각합니다.

자기소개서 작성을 할 때 가장 많이 듣는 말 중에 경험과 사례를 뒷받침해서 구체적으로 작성하라고 많이 듣게 됩니다. 보통 사례 작성시 STAR이라는 기법을 통해서 작성하라고 이야기를 많이 들었을 겁니다. STAR은 무엇을 뜻하는 것일까요?

Situation : 해당 경험의 배경 설명

Task : 과제, 목표, 결심, 문제 상황 설명

Action : TASK를 해결하기 위한 나의 행동들

Result : 해당 경험의 결과

자기소개서 작성 질문에 대해 충실하게 작성하셨다면 왜? 경험 문항에 아래와 같이 구분해 놓고 작성하라고 하였는지 이해하셨을 겁니다. 한 가지 경험에 대해 왜 참여하였고, 목표나 과제가 무엇인지, 나의 세부 활동과 결과를 작성하는 것 자체가 바로 자기소개서 작성에서 요구하는 사례 작성법이라고 말씀드리고 싶습니다.

이제부터 "사례" 작성이라고 하면 아래의 표에 제시된 순서로 작성하시면 됩니다. 뒤에서 설명드릴 항목별 자기소개서 작성에서도 [사례]라고 표시된 부분은 아래의 순서로 작성하시면 자기소개서에서 요구하는 사례 중심으로 글을 작성하시게 되는 것입니다.

배경 Situation	참여 이유	왜 ○○한 경험을 하였나요?
사건 Task	목표 또는 과제 내용	어떤 일이 있었나요?
행동 Action	나의 세부 활동 내용	경험 속 나의 활동 내용
결과 Result	결과 및 느낀점	경험 결과 및 느낀점

항목별 자기소개서 비법에 대해 소개해드리려고 합니다. 아래의 작성 순서를 바탕으로 자기소개서 내용을 만들어 가시면 좀 더 쉽게 작성할 수 있다고 생각합니다.

앞서 설명 드린 "자기소개서 구조" "사례" 작성법을 바탕으로 아래의 작성가이드를 바탕으로 자기소개서를 완성하시면 됩니다. 가이드 작성에 관련된 내용은 대부분 자기소개서 질문에 대한 답을 충실하게 작성하셨다면 쉽게 작성될 수 있다고 생각합니다. 제시되어 있는 페이지를 따라가시면, 관련 내용을 쉽게 찾을 수 있을 것 같아 제시해 드립니다. 혹 이 것 외에 자기소개서 질문내용에 더 관련된 내용이 있다면 해당 질문 내용으로 작성하셔도 좋습니다.

한 가지 당부드릴 것은 꼭! 아래의 순서처럼 해야 하나요? 라고 물어보신다면...

"아니요" 글 내용과 주장하고 싶은 내용에 따라서 작성 방법과 순서는 얼마든지 변경하셔도 됩니다.

1. 지원동기

1) 일반 지원동기

• 주장 (예시:○○○하기 위해 지원하게 되었습니다.)

• 이유 (예시: 그 이유는 ○○○하기 때문입니다.)

• 이유와 관련된 회사내용 〔149~151,154~156p〕

• 직무 수행〔사례〕, 직무수행을 하기 위한 노력

  〔144,165~166p〕

• 지원회사에서 나의 목표점, 다짐점

2) 회사 지원동기

• 주장 (예시:○○○하기 위해 지원하게 되었습니다.)

• 이유 (예시: 그 이유는 ○○○하기 때문입니다.)

• 이유와 관련된 회사내용 〔149~151,154~156p〕

• 지원회사에서 나의 목표점, 다짐점

3) 직무 지원동기

• 주장 (예시: 직무에서 ○○○하기 위해 지원하게 되었습니다.)

• 이유 (예시: 직무에 대해 ○○○하기 때문입니다.)

• 직무 수행〔사례〕, 직무수행을 하기 위한 노력

  〔144,165~166p〕

• 지원회사에서 나의 목표점, 다짐점

4) 회사 선택의 기준 + 회사 지원동기

- 주장 (예시:저는 ○○○의 기준을 가지고 회사를 선택합니다.)
- 이유 (예시:그러한 기준에 대한 이유는 ○○○ 이기 때문입니다.)
- 이유와 관련된 회사내용 〔149~151,154~156p〕
- 지원회사에서 나의 목표점, 다짐점

5) 회사 선택의 기준 + 회사 지원동기+ 직무 지원동기

- 주장 (예시:저는 ○○○의 기준을 가지고 회사를 선택합니다.)
- 이유 (예시:그러한 기준에 대한 이유는 ○○○ 이기 때문입니다.)
- 이유와 관련된 회사내용 〔149~151,154~156p〕
- 직무 수행〔사례〕, 직무수행을 하기 위한 노력
  〔144,165~166p〕
- 지원회사에서 나의 목표점, 다짐점

2. 입사 후 포부

- 주장 (예시: 저는 ○○○ 한 입사 후 포부를 가지고 있습니다.)
  〔135p〕
- 이유와 관련된 나의 생각 또는 회사내용 〔149~152p〕
- 구체적인 계획(What, Why, How)

3. 성장과정

성장과정에 작성될 수 있는 내용으로는 인재상, 직무수행에 도움
이 되는 태도형성, 직무에 관심을 가진 계기와 과정 중심으로 작
성하면 됩니다.

• 주장 (예시: 저는 000한 태도를 형성하게 되었습니다.)
• 주장과 과련된 이유 설명 [26~29,39,41,48~55p]
• ○○○태도를 형성한 [사례], 000태도를 발휘한[사례]
• ○○○태도의 중요성, 느낀점, 기여점 제시

4. 성격의 장단점

성격의 장점 [37p]

직무수행에 도움이 되는 성격의 장점 선택

• 주장(예시: 저는 ○○○성격의 장점이 있습니다.)
• 활용점,필요점 제시 (예시: 이러한 성격은 ○○○에 활용 될 수 있습
  니다.)
• 성격의 장점을 발휘한 [사례]

성격의 단점 [38p]

• 주장(예시: 저는 ○○○단점이 있습니다.)
• 불편점 제시(예시: 이러한 단점으로 ○○○불편하게 되었습니다.)

• 개선점 제시(예시: 단점을 개선하기 위해서 ○○○을 하고 있습니다.)

5. 직무를 수행하기 위해 노력한점, 직무강점

• 주장(예시:저는 ○○○직무를 수행하기 위해 노력해왔습니다.)
• 직무 수행〔사례〕, 직무 수행하기 위한 노력점 나열
 〔144,165～166p〕
• 직무 수행의 다짐, 기여점 제시

6. 스토리텔링형 항목(도전, 열정, 성취, 목표)

• 주장(예시:저는 ○○○한 경험이 있습니다.)
• 해당 경험 〔사례〕
• 느낀점, 배운점, 기여점 제시

7. 기타항목(취미 특기는 무엇인가?, 존경하는 사람은 누구인가?)

• 주장
• 이유
• 관련 내용, 〔사례〕
• 느낀점, 배운점, 기여점 제시

Q&A 활용 기출 자기소개서 항목 가이드

기업에서 제시되고 있는 자기소개서 항목에 대한 작성 가이드입니다. 실제 자기소개서 항목에 자신의 질문 답변 내용과 작성방법의 적용에 대해 알아보시기 바랍니다.

(제시되어 있는 페이지를 따라가시면, 관련 내용을 쉽게 찾을 수 있습니다.)

---

1. 삼성화재해상보험㈜ 항목

---

1) 본인의 취미/특기, 존경인물 및 존경하는 이유를 자유롭게 작
성하여 주시기 바랍니다.
- 기타항목 〔41,53p〕

2) 삼성화재를 지원한 이유와 입사 후 회사에서 이루고 싶은 꿈
을 기술하십시오.
- 회사지원동기 + 입사 후 포부

3) 본인의 성장과정을 간략히 기술하되 현재의 자신에게 가장 큰
영향을 끼친 사건, 인물 등을 포함하여 기술하시기 바랍니다.
(※작품속 가상인물도 가능)
- 성장과정

4) 최근 사회이슈 중 중요하다고 생각되는 한가지를 선택하고 이
에 관한 자신의 견해를 기술해 주시기 바랍니다.
- 기타항목 〔156,157p〕

1) 한국전력공사의 4가지 인재상(기업가형 인재, 통섭형 인재, 도전적 인재, 가치창조형 인재) 중 본인과 가장 부합된다고 생각하는 인재상을 두 가지 선택하여 그렇게 생각하는 이유를 본인의 교육, 경험, 경력사항 등 구체적인 사례를 들어 기술하여 주십시오.

• 성장과정, 스토리텔링형 항목

2) 누가 시키지 않았지만 스스로 팀이나 조직, 단체 등을 위해 고민해서 수행했던 일이 있다면 그 경험과 스스로 찾아서 할 수밖에 없었던 이유, 노력한 만큼 만족할만한 성과를 얻었는지에 대해 구체적으로 기술하여 주십시오.

• 스토리텔링형 항목 [109~111p]

3) 본인이 세운 목표를 최단시간 내에 달성하기 위해 투입비용을 최소화하고, 비용 대비 효과를 극대화하기 위해 가능한 자원, 기술, 인력 등을 동원한 경험이 있다면 그 과정과 결과에 대해 구체적으로 기술하여 주십시오.

• 스토리텔링형 항목 [97p]

---

3. SK하이닉스㈜ 항목

---

1) 자발적으로 최고 수준의 목표를 세우고 끈질기게 성취한 경험
   에 대해 서술해 주십시오.
   • 스토리텔링형 항목 〔97p〕

2) 새로운 것을 접목하거나 남다른 아이디어를 통해 문제를 개선
   했던 경험에 대해 서술해 주십시오.
   • 스토리텔링형 항목 〔96p〕

3) 지원 분야와 관련하여 특정 영역의 전문성을 키우기 위해 꾸
   준히 노력한 경험에 대해 서술해 주십시오.
   • 직무를 수행하기 위해 노력한점

4) 혼자 하기 어려운 일에서 다양한 자원 활용, 타인의 협력을 최
   대한으로 이끌어 내며, Teamwork를 발휘하여 공동의 목표 달
   성에 기여한 경험에 대해 서술해 주십시오.
   • 스토리텔링형 항목 〔111p〕

4. LG전자㈜ 항목

1) 본인이 지원한 직무관련 지원동기와 역량에 대해서
   • 직무 지원동기

2) 본인이 지원한 직무관련 향후 계획에 대하여
   • 입사 후 포부

5. 롯데하이마트㈜ 항목

1) 성장과정 : 성장과정을 구체적으로 기술해주세요.
   • 성장과정

2) 사회활동 : 학업 이외에 관심과 열정을 가지고 했던 다양한 경
   험 중 가장 기억에 남는 것을 구체적으로 기술해주세요.
   • 스토리텔링형 항목 〔74~85p〕

3) 입사 후 포부 : 입사 후 10년 동안의 회사생활 시나리오와 그
   것을 추구하는 이유를 기술해주세요.
   • 입사 후 포부

6. ㈜포스코 항목

1) 본인의 회사선택 기준은 무엇이며, 포스코가 그 기준에 적합
한 이유와 근거를 기술하세요.
   - 회사선택의 기준＋회사 지원동기

2) 희망직무에 요구되는 역량은 무엇이라고 생각하며, 이를 갖추
기 위한 본인의 노력 또는 특별한 경험을 기술하세요.
   - 직무를 수행하기 위해 노력한점

3) 가장 힘들었던 순간과 이를 극복한 과정을 기술하세요.
   - 스토리텔링형 항목 〔94p〕

7. ㈜GS리테일 항목

1) 지원동기 및 열정에 대하여.
   - 일반 지원동기

2) 성장과정 및 학교생활에 대하여.
   - 성장과정, 스토리텔링형 항목 〔74~85p〕

3) 입사 후 포부(Vision)에 대하여.
   • 입사 후 포부

4) 성격의 장·단점 및 보완노력에 대하여.
   • 성격의 장단점

5) 정직함에 대하여. (경험이 있다면 그 상황에서의 본인의 입장 및 대
   처 사례)
   • 스토리텔링형 항목 〔106p〕

---

8. 현대오일뱅크 항목

1) 본인이 가지고 있는 강점에 대하여 키워드를 제시한 후, 그 이
   유에 대하여 기술하시오.
   • 직무 강점

2) 본인의 인생에 가장 큰 영향을 미친 사건과 그 사건이 주는 의
   미에 대하여 기술하시오.
   • 성장과정

3) 본인이 시도하였던 도전 중 가장 큰 성공과 실패는 어떠한 것

이 있었고, 이러한 두 가지 경험이 자신을 어떻게 변화시켰는
지 기술하시오.
- 스토리텔링형 항목〔92, 93p〕

9. ㈜KT 항목

1) 회사 및 해당직무에 지원하게 된 동기와 입사 후 회사에서 이
루고 싶은 중장기적 목표에 대해 구체적으로 기술해 주십시오.
- 회사 지원동기, 입사 후 포부

2) 공동의 목표를 달성하기 위해 타인과 협업했던 경험과 그 과
정에서 본인이 수행한 역할, 그리고 해당 경험을 통해 얻은 것
은 무엇인지 구체적으로 기술해 주십시오.
- 스토리텔링형 항목〔111p〕

3) 예상치 못한 문제의 발생으로 계획대로 일이 진행되지 않았을
때, 책임감을 가지고 적극적으로 문제를 해결한 경험과, 그 경
험을 통해 얻은 것은 무엇인지 구체적으로 기술해 주십시오.
- 스토리텔링형 항목〔95p〕

4) 본인의 경험 중 지원한 직무와 관련하여 가장 특별하고 인상

깊었던 경험에 대해 구체적으로 기술해 주십시오.

• 스토리텔링형 항목 [144,165,166p]

---

10. 두산인프라코어㈜ 항목

---

1) 지원하는 회사와 분야(직무)에 대한 지원동기를 자유롭게 기술
하세요.

• 일반 지원동기

2) 본인의 장/단점과 입사 후 장점은 어떻게 활용되고, 단점은 어
떻게 보완 할 수 있겠는지를 기술하세요.

• 성격의 장단점

3) 본인이 살아오면서 가장 도전적이었거나 가장 인상 깊었던 경
험을 기술하세요 (예. 프로젝트 및 공모전 경험, 학회/동아리 등 단체
활동, 인턴/아르바이트 등 사회경험, 리더십 수행 경험, 역량개발 경험,
해외경험, 국내/외 봉사활동 등)

• 스토리텔링형 항목 [전체내용]

자소서 스펙을 높이는 기적의 질문노트

1판 1쇄 발행 ㅣ 2018년 4월 20일

지은이 ㅣ 신동훈

펴낸곳 ㅣ 북씽크

펴낸이 ㅣ 강나루

주　소 ㅣ 서울시 서초구 명달로24길 46, 3층 302호

전　화 ㅣ 070 7808 5465

등록번호 ㅣ 제 206-86-53244

ISBN　978-89-87390-14-7　13320

잘못 만들어진 책은 구입처에서 교환해 드립니다.